JN056390

手堅く稼ぐ
主婦投資家が
教える
おいしく始める
株
投資
standards

はじめに

２０２０年コロナウイルスの影響で、経済は大きな打撃を受けました。収入が減る家庭も多くあるなか、アルバイトなどで新たな収入源を見つけるのも難しい状況が続いています。

そこで、オススメしたいのが株式投資です。ひとりでも始められ、人と接触せずにお金を増やすことができます。投資にもさまざまありますが、株の魅力はなんといっても、企業のオーナーになれることです。

好きな企業といわれて思いつく企業はありますか？

よく使う商品のメーカーやよく行く飲食店、有名な大企業など、何となく思い浮かぶのではないでしょうか。その企業が上場している企業ならば、自由に株を買いオーナーになることができます。

オーナーになったら、テレビなどでよく聞く株主優待をもらえることもありますし、その企業の業績がよいと配当金をもらえます。このように、値段の上げ下げ以外にも楽しみがあるのも、株のよいところです。

株はしっかり知識をつけてからはじめれば、手堅く資産を増やすことができるものです。おまけに、なかには数千円で買える株もありますし、小額投資ならNISAという非課税制度が利用できます。

基本的なところからわかりやすく解説します。ぜひ、この機会に株を始めてみませんか？

ようこりん

はじめに　2

1章 少額から始められる株式投資

2章 自分に合った証券会社で口座開設

contents

3章 迷わずにわかる取引の手順

4章 株価チャートを読み解く 基本編

5章
株価チャートを読み解く 応用編

6章
テクニカル分析で今後の値動きを予測する

7章 経済状況から予測するファンダメンタルズ分析

8章 資金管理をして資産を守る売買を徹底

監修・解説

ようこりん

株の投資歴が10年以上の主婦で割安な企業に投資することで資産を増やすバリュー投資家。資産は億を超え、さらには割安な企業の優待や配当で日々の生活を向上させている。銘柄保有数は300銘柄以上。最近、東京に家を買ったそう。

ブログ「ほんわかようこりん」
https://ameblo.jp/youkorinn37/

1章

少額から始められる株式投資

株とはいったいどんなものでしょうか。株で儲けるしくみなど、まずは株を始めるにあたって知っておきたい基本的なことを説明します。

株を買うことは企業に投資すること

株価が上がれば自分の財産も増える

株式投資とはいったい何でしょうか?

株式会社は事業を行うための資金を金融機関などから借り入れますが、もうひとつの資金調達の手段として「株式」の発行があります。企業は出資者に対し、出資額の分を証明するために株式を発行します。つまり、**株式投資はその企業の株(株式)を買い、出資者(オーナー)のひとりになること**です。

この株を買った出資者は「株主」と呼ばれますが、株主になると、株主総会に出席する権利を得られます。

また、企業の業績が上がると配当金がもらえるだけではなく、株の値段(株価)が上昇します。**株価の上昇は、すでに保有している株の価値が上がるということなので、自分の財産が増えることになります。**もちろん、企業の業績が下がれば、株価が下がる要因になるので、株を買えば必ず儲かるわけではありません。

要するに、株式投資で稼ぐ方法は、これから伸びる企業の株を買うことです。仕事をしていると、日中時間が取れないから投資は向いていないと思う人もいるかもしれませんが、ある程度の知識を身につければ、仕事の合間でも十分に利益を上げることができます。

株主総会｜四半期ごとに開催され、決算の報告と承認が行われる。企業に直接質問・意見できる場でもある

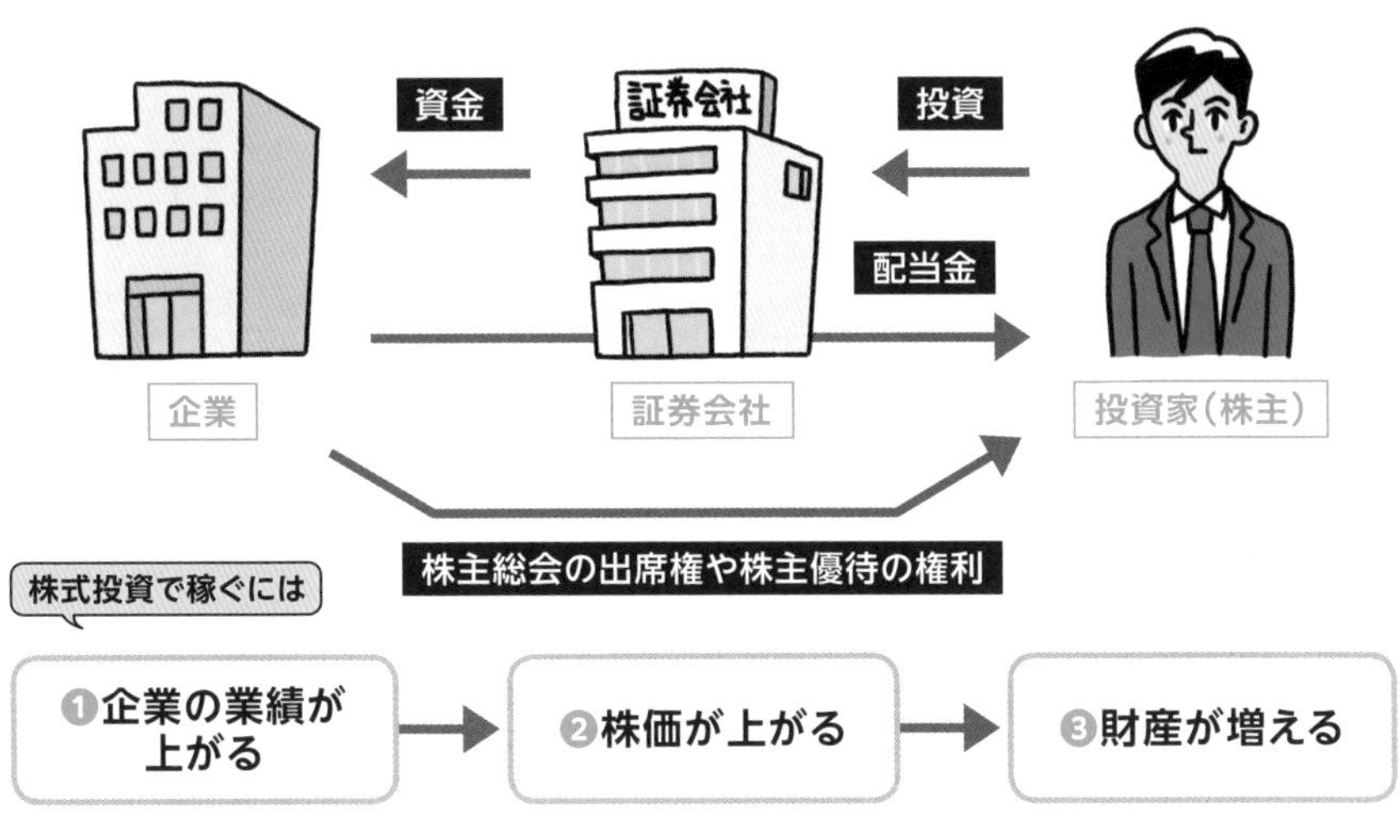

財産を株式として保有するとインフレ対策になる

ほかにも、株を買うことはインフレ（インフレーション）対策としても有効です。日本経済は今、モノの価値が上がり、お金の価値が下がるインフレに向かっている最中と考えられています。

インフレが起こると、モノの価値同様、株価も上昇することが考えられます。そのため、財産を現金として保有するより、株に投資して保有することで、財産の価値を下げずに保有しやすくなるのです。

オーナーになれる

お店や不動産などのオーナーになるには能力や莫大なお金が必要ですが、株なら気軽にオーナーになれるのが魅力です

インフレ　インフレーションの略。物の値段（物価）が上がることをいう。反対に、物の値段（物価）が下がることをデフレ（デフレーション）という

株は数千円から買えるが30万円程度用意するとベスト

はじめての株式投資

初期費用として5万円を用意

1株500円未満の銘柄を購入する

少額の株式を購入し、実際に相場に入ることで、考察力を身につけられる

投資初心者

1株数十円で買える株も存在する

株を買うにはどれくらいの資金が必要でしょうか？結論からいうと、株は数千円あれば買うことができます。人気の企業の株であれば、数百万円ほどの資金が必要なケースもありますが、株を購入できる企業は3000社以上あるので、なかには1株数十円といったものも存在します。

しかし、仮に1株50円であっても50円の資金では株は買えません。株は基本的には100株単位で購入する必要があります（45ページ参照）。加えて、株の購

株価の見方

参考指標	
時価総額 用語	42,307百万円 (10:50)
発行済株式数 用語	77,912,716株 (08/07)
配当利回り(会社予想) 用語	1.84% (10:50)
1株配当(会社予想) 用語	10.00 (2020/08)
PER(会社予想) 用語	(単) 23.42倍 (10:50)
PBR(実績) 用語	(単) 0.84倍 (10:50)
EPS(会社予想) 用語	(単) 23.19 (2020/08)
BPS(実績) 用語	(単) 647.44 (2019/08)
最低購入代金 用語	54,300 (10:50)
単元株数 用語	100株
年初来高値 用語	600 (20/07/09)
年初来安値 用語	300 (20/03/13)

出所：Yahoo!ファイナンス

郊外に店舗を構える家電量販店コジマの株価情報

1株543円（2020年8月7日時点）単元株数100株なので、株を購入するのに必要な最低代金は5万4300円となる

株を買うのに必要な代金は、数千円～数百万と、企業によって大きく異なります

入時には手数料がかかります。そのため、**1株50円の株を買うのに必要な資金は、手数料を100円だとすると、5100円ということになります。**

とはいっても、2020年7月現在、1株100円未満の株は50銘柄ほどです。そのなかに、好きな企業や、これから伸びそうだと判断できる企業があるとは限りません。

1株からでも株を買える「ミニ株制度」（62ページ参照）というものも存在しますが、ある程度銘柄の選択肢を用意しつつ1単元以上で購入することを考えると、初期費用として30万円ほどあると安心です。

数百円の株が倍以上に

私の経験からいうと、1株300～500円の株なら2倍以上に成長した株がたくさんありました。節約して、ある程度お金を貯めてから始めるとよいでしょう

03 証券会社を通じて上場した株式を購入する

株を買うことができるのは上場している企業のみ

「株を買う」とはいいますが、いったいどこで誰から買えばよいのでしょう？

株はその企業から直接買うわけではありません。証券取引所という株式市場で取引することになります。そもそも、**投資家はすべての株式会社の株を買えるわけではなく、上場している企業の株のみを買うことができます**。上場とは、企業が発行する株式を証券取引所で自由に売買できるようになることです。

一口に証券取引所といっても、日本には４つの証券取引所が存在します。なかでも圧倒的な規模を誇るのが東京証券取引所、通称「東証」です。世界でもトップクラスの規模の市場であり、一般的に日本で証券取引所というと東証を指すことが多いです。

そして、東証のなかでも上場基準によって４つに市場が分かれています。基準が厳しい順に「第一部」「第二部」「マザーズ」「ＪＡＳＤＡＱ(ジャスダック)」です。第一部（東証一部）には大企業が名を連ね、第二部（東証二部）はおもに中堅企業、マザーズとＪＡＳＤＡＱは新興市場と呼ばれ、比較的小規模の企業が上場しています。ＪＡＳＤＡＱはマザーズに比べ、ＩＴ企業が多いのが特徴です。

証券取引所　株の売買を行うための施設。日本には東京、名古屋、札幌、福岡の４カ所に証券取引所がある

東京証券取引所の4つの市場

市場	企業数	概要
第一部	2171	最も上場規定の厳しい市場。株主数2200人以上の大企業が上場している
第二部	481	株主数800人以上で中堅の企業が多く名を連ねる。多くの企業は第二部から第一部を目指す
マザーズ	329	今後成長が見込まれるベンチャー企業向けの株式市場。一部や二部の上場基準よりは緩やかである
JASDAQ	762	一定の過去実績と企業の存続性が必要とされる市場。マザーズと比べてIT企業が多いのが特徴

※企業数は2020年8月31日時点の数字

実際に株を購入するときは、証券取引所と投資家の間に証券会社が入り、証券会社を通じて売買を行う

株式市場は発行市場と流通市場でできている

また、株の売買は証券取引所を通して行われますが、**証券取引所と投資家の間には、さらに証券会社が入ります**。証券会社で取引するには投資用の口座を開設する必要があります。投資家はこの口座を通して株を買うわけです。

株式市場は、企業が証券取引所に新株を発行する発行市場と、証券会社を通して売買を行う流通市場の2つで成り立っています。

成長企業を見つける

東証二部から東証一部へ鞍替えするなど、昇格する企業もあります。少し勉強すると、そういった成長企業を見つけられるようになり、楽しさが倍増します

株の取引可能時間は平日の9時から15時まで

取引時間は午前と午後それぞれ2時間半ずつ

株の売買はいつでも行えるわけではありません。証券取引所にも普通の店における開店時間のようなものが設定されています。この証券取引所における開店時間を売買立会といい、午前と午後で分けられています。午前の売買立会は午前立会、午後は午後立会です。一般的に、それぞれ前場、後場と呼ばれています。

東証の場合、前場の立会時間は9時から11時30分まで、後場は12時30分から15時までです（東証以外は後場が15時30分まで）。

証券取引所の開店時間（売買立会）

平日

	9:00		11:30 12:30		15:00	
		前場		後場		

※東証以外は15時30分まで

ネット証券の場合、注文自体は24時間出すことができる ※ネット証券については26ページを参照

土曜日、日曜日、祝日、年末年始（12月31日～1月3日）は休業日となっているため、売買はできません

夜間取引（ジャパンネクストPTS）

SBI証券の場合

〜8:20	8:20〜16:00	16:00〜16:30	16:30〜23:59	23:59〜
	デイタイム・セッション		ナイトタイム・セッション	

[夜間取引（PTS）が使える証券会社]

証券会社	取扱い銘柄数
SBI証券	約3700（ほぼすべて）
松井証券	東証上場銘柄のうち、SBIジャパンネクストが指定する銘柄

夜間取引（PTS）とは……証券取引所を介さず株式を売買できる私設取引システム

また、立会時間は「買い」や「売り」の注文が成立する時間ですが、注文自体は前場、後場が始まる前から行うことができます。前場の注文受付時間は8時から前場が終わる11時30分まで、後場の注文受付時間は12時5分から同じく後場が終わる15時までです。なお、ネット証券では24時間注文が可能です。

一日のなかでの立会時間に加え、休業日も設定されています。土曜日、日曜日、祝日、年末年始（12月31日〜1月3日）が休業日で、売買ができません。

そのほか、証券取引所を介さない「夜間取引」という私設取引システムも存在します（上図参照）。

夜間取引もチェック

PTSは参加人数が少ないため、極端に高くなったり安くなったりすることがあります。売買せず、のぞくだけでも取引の参考になります。

ネット証券　店舗を持たないインターネット取引専門の証券会社。店舗型に比べ、手数料が安いというメリットがある

COLUMN1

投資のなかで株がオススメな理由

好きな企業に投資する楽しさを知ろう

ひとくちに投資といっても、FX（外国為替証拠金取引）や外貨預金、純金の積み立て、不動産投資などさまざまなものがあります。

そのなかでも株式投資をオススメしたい理由は、投資先の企業になじみがあることです。自分の好きな商品を製造・販売している企業には、がんばってどんどんよい商品をつくってほしいもの。そうした企業の株(銘柄)を買うことで、その企業の商品開発やサービス充実のための資金が増え、よりよい商品がつくられるわけです。また、株を持っていることで、その企業の商品が届くというメリットもあります。

いくら稼げるからといって、自分が「よくわからないもの」に投資し、その動静を見守るのは、精神的な負担が大きいでしょう。

銘柄選びは、恋人選びのようなもの。がんばってほしい企業であれば、多少値下がりしたところで慌てて売るというようなこともないでしょう。

また、好きな企業の「オーナーのひとり」に気軽になれるのも、株式投資の魅力のひとつです。仮にお店を開くオーナーになるのは多額の資金が必要ですが、株式投資であれば、誰もが知る企業のオーナーのひとりになれるのです。

銘柄選びは、恋人選びと同じです！

2章

自分に合った証券会社で口座開設

株の取引をするには証券会社で証券口座を開設する必要があります。証券会社の選び方や口座開設の手順などを説明します。

口座開設 01

証券会社口座を開設しよう 口座の種類とは？

証券口座を開設するときは「特定口座」を選ぶのが基本

取引を開始するためには、まずは口座が必要になります。口座といっても預金口座ではなく、証券口座という証券会社の口座を開設しなくてはなりません。

証券会社で口座を開設する際には、一般口座と特定口座の2種類があり、どちらかを選ばなければなりません。特定口座を選ぶと、確定申告や納税の手続きを簡単に行うことができるため、多くの人は特定口座を選択しています。

特定口座には、源泉徴収ありの特定口座と源泉徴収なしの特定口座の2種類があります。**源泉徴収ありの特定口座を選ぶと、売却損益や税金の計算を証券会社が行ってくれるため、確定申告が不要になります。**そのため、特に理由がなければ源泉徴収ありの特定口座を選択しましょう。

ただし、一部の口座で損失が出た場合など、年間の損益をトータルで見ると売却損だったというときには、確定申告を行ったほうがお得になります。

源泉徴収なしを選択した場合、証券会社から売却損益の計算はしてもらえるものの、税金の計算や納税までは行ってもらえないので、年間トータルで売却益が出た場合は、原則として確定申告が必要となります。

源泉徴収　給与や配当金を支払う際に、所得税などの税金を差し引いて、国や公共団体に納付する制度

一般口座と特定口座のしくみ

特定口座	源泉徴収ありの口座	原則として申告不要（証券会社が行う）
	（必要に応じて確定申告も可能）	
	源泉徴収なしの口座	確定申告
一般口座		確定申告

一般口座で管理している株式の確定申告

一般口座で管理している株式等は、投資家自らが1年間の譲渡損益を計算し、確定申告をしなければなりません。年間を通算して損失となった場合には、確定申告は不要ですが、「譲渡損失の繰越控除」の適用を受ける場合は、確定申告の必要があります。

法人化している場合などに使われることがありますが、個人の場合は面倒な手続きが発生するのでオススメしません。

オススメは特定口座

私はもちろん特定口座です。主婦や学生でも、「源泉徴収あり」の特定口座を選べば、株でいくら利益を出しても扶養から外れることはありません

確定申告　その年の1月1日から12月31日までを課税期間として、その期間内の収入や支出、扶養親族の状況などから所得を計算し、納付すべき税額を確定すること

口座開設 02

120万円以下の投資が非課税になるNISAとは?

NISAで最大600万円の非課税投資が可能になる

通常、株式や投資信託などの金融商品に投資をすると、これらを売却して得た利益や受け取った配当に対して約20%の税金がかかります。一方、NISAとは、専用の口座で一定の金額が非課税になる制度です。

NISAには一般NISA、つみたてNISA、ジュニアNISAの3種類があります。

一般NISAは、毎年120万円までの投資で得た収益が、最長で5年間非課税になります。5年間の投資で最大600万円の非課税投資が可能です。

NISAとつみたてNISAの比較

	つみたてNISA	NISA
投資期間	20年	5年
年間購入額	40万円	120万円
最大非課税額	800万円	600万円
購入できる金融商品	一定の条件を満たす投資信託など	投資信託、株、REITなど

つみたてNISAで株を買うことはできません。株を買えるのはNISAだけです

株の利益にかかる税金 | 株の売却益や配当金には上場企業の場合、20.315%の割合で税金がかかる

NISAのお得な制度

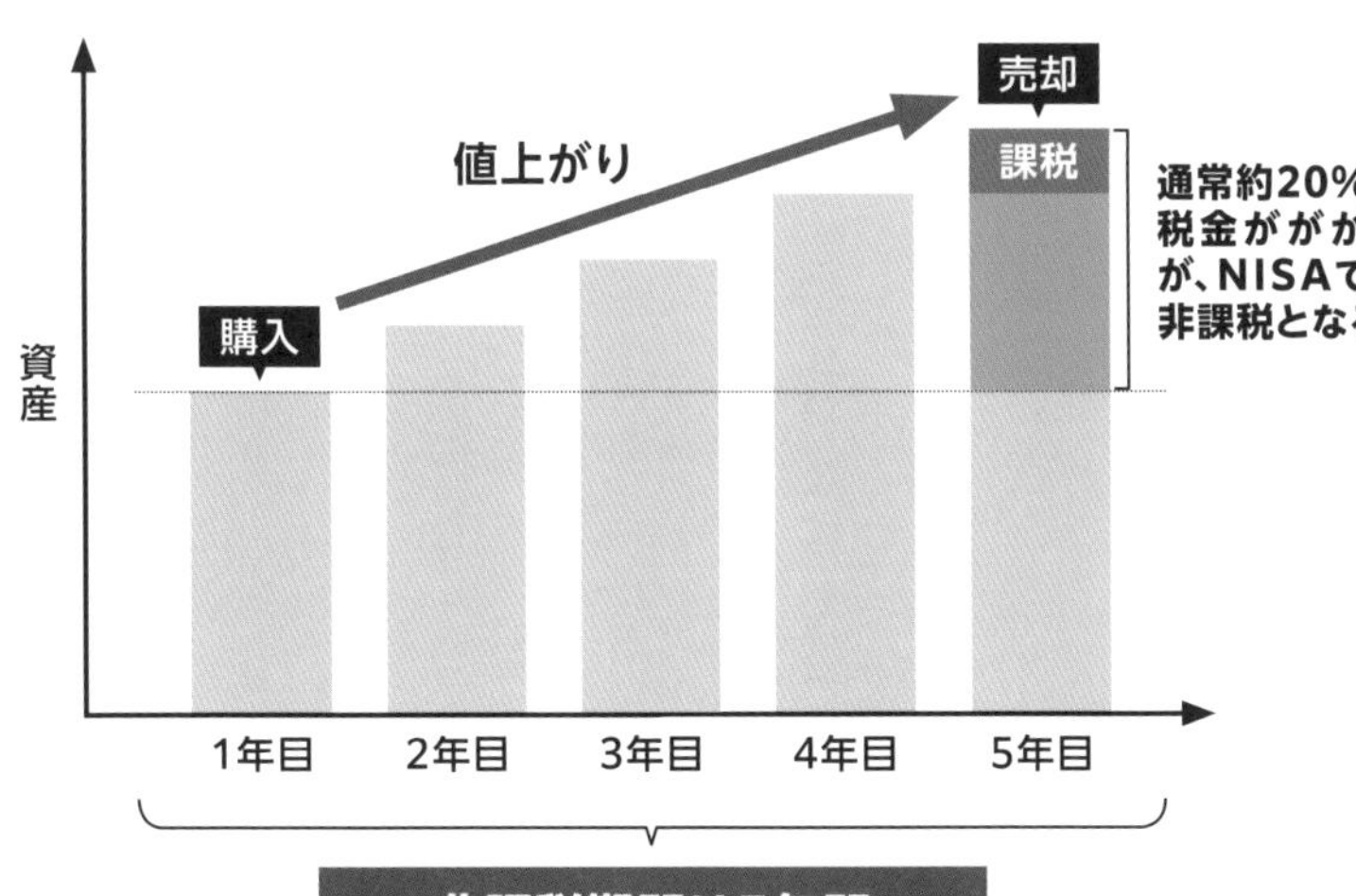

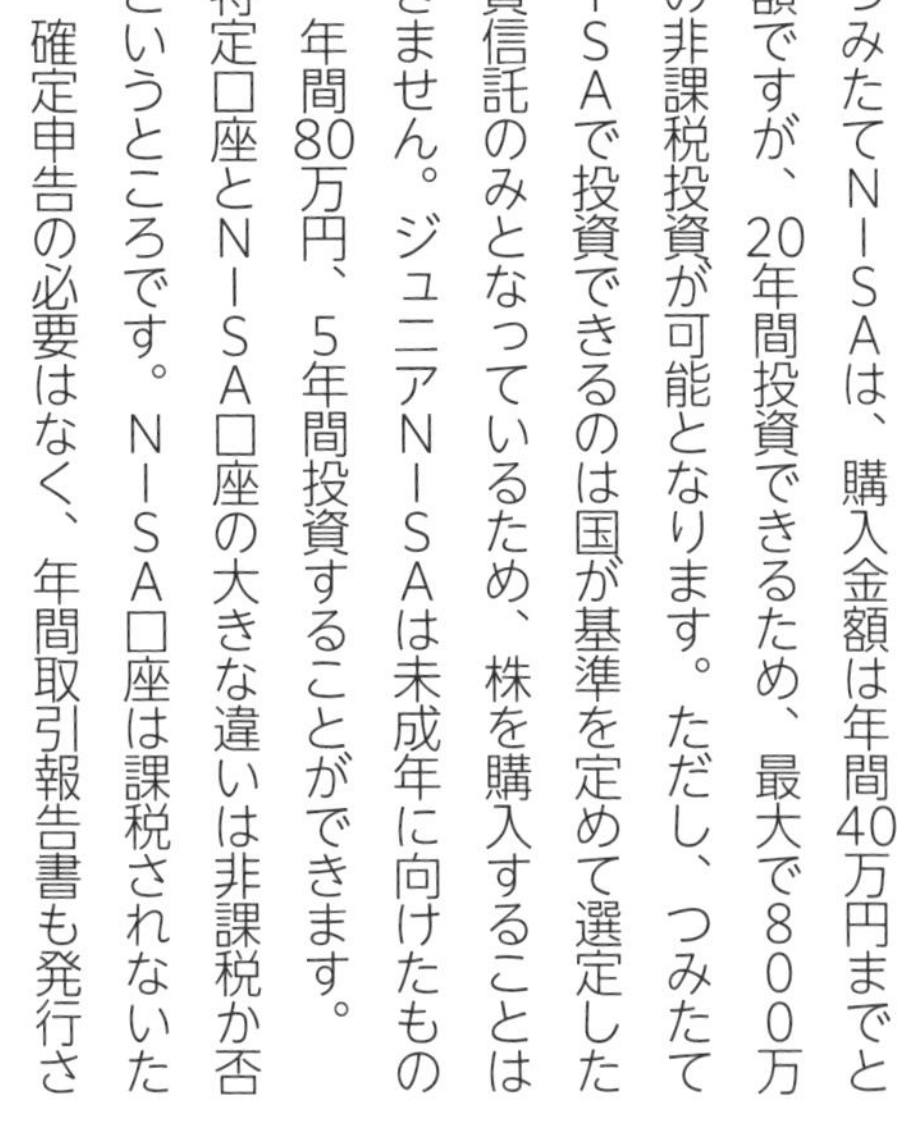

つみたてNISAは、購入金額は年間40万円までと少額ですが、20年間投資できるため、最大で800万円の非課税投資が可能となります。ただし、つみたてNISAで投資できるのは国が基準を定めて選定した投資信託のみとなっているため、株を購入することはできません。ジュニアNISAは未成年に向けたもので、年間80万円、5年間投資することができます。

特定口座とNISA口座の大きな違いは非課税か否かというところです。NISA口座は課税されないため、確定申告の必要はなく、年間取引報告書も発行されません。

NISAで買い増し

NISAは配当金も非課税なので、高配当の銘柄を毎年買うのも手です。高く買ってしまっても、安いときに買い足せばNISA内で買値の平均を下げられます

年間取引報告書 1〜12月の1年間における株取引によって発生した損益や、特定口座内で受け取った配当金などを証券会社が計算し、発行する報告書

口座開設 03

初心者はサポートが充実した証券会社を選ぶ

長期間保有する場合は実店舗の対面取引がオススメ

証券会社を選ぶ際のポイントは、商品の品揃えが豊富であること、手数料が安いこと、投資について相談しやすいことの3点です。株の購入方法には、店舗での対面取引とインターネット上で行うネット証券での取引（ネット取引）があるため、それぞれの特徴を押さえて自分に合った証券会社を選びましょう。

最近主流になりつつあるのが、ネット取引です。24時間対応しているため、空いた時間にさっと取引をすることができます。さらに、人を介さないため、対面取引に比べて手数料が安く設定されています。そのため、頻繁に売買する人にオススメです。

しかし、ネット取引では説明してくれる人がいないため、投資での不明点や疑問点があった場合は、すべて自分で調べなければなりません。まったくの初心者でこれから株取引を始めたいという人は、安易に手数料の安さだけで決めるのではなく、サポート体制の充実度も考慮して選びましょう。

実店舗では銀行や証券会社の担当者と窓口や電話などで直接やりとりをしながら売買することができます。わからないことがあったらその場で答えてもらえるなど、いろいろと聞くことができるので、長期間保

証券会社の選び方

選び方のポイント

1 商品の品ぞろえ

国内株式だけでなく外国株式の種類数なども確認。できるだけ選択肢が広いほうがよい

2 手数料の安さ

手数料の安さだけで判断してはいけないが、頻繁に取引を行うのであれば安いに越したことはない

3 相談のしやすさ

店舗型の場合は、窓口や電話などが整備されている。ネット型でもコールセンターなどのサポートを行っているところもある

店舗型のメリット

店舗窓口や電話などで担当者と直接やりとりをしながら買うことができるので、サポート体制はバッチリ

店舗型のデメリット

手数料が高いため、頻繁に行う取引には向かない

ネット型のメリット

24時間取引できるため、空いた時間にさっと取引できる。店舗に比べて手数料も安くなっている

ネット型のデメリット

人を介さないため、相談などのサポート体制が整っていないことが多い

有する場合は実店舗で購入するのがよいでしょう。

ネット証券を選ぶときはサポート体制をチェックする

ネット証券でも、困ったときに相談ができるように**コールセンターやオンラインチャットなどのサポート窓口を用意しているところもあります。**24時間対応可能なコールセンターを用意しているところもあるため、平日の昼間は仕事で忙しいという人は、休日や夜間にもサポート体制が充実している金融機関を選ぶとよいでしょう。

どちらも一長一短

どちらも一長一短なので、私は店舗型とネット型の両方を開設しています。ネット型は早売りしがちになり、大きな利益をとれないこともありました

ネット型と店舗型 オススメの証券会社とは？

手数料や品揃えだけじゃない 各社独自のサービスに注目

証券口座を開くことができる証券会社は、ネット型と店舗型を合わせて95社あります。

ネット型の金融機関でオススメなのは松井証券です。取扱い商品の全てが購入手数料無料となっているだけでなく、株の保有にかかる日々の手数料の一部を毎月還元するという、独自のサービスを行っています。また、**松井証券は企業概要が四季報より見やすくなっているため、商品選びの際にとても役立ちます**。

もうひとつオススメの証券会社は、ＳＢＩ証券です。取り扱い銘柄数は８７００銘柄以上と、ネット証券の中でもトップであり、米国株から中国株、韓国株、ベトナム株など、外国株式のラインナップもとても充実しています。購入方法は毎月購入、毎週購入、毎日購入から選ぶこともできるので、「安いときに多く、高いときには少なく買う」というドル・コスト平均法の実力を最大限に生かすことができます。

ＳＭＢＣ日興証券は 店舗型でも手数料が安い

店舗型の場合は、ＳＭＢＣ日興証券がオススメです。ＳＭＢＣ日興証券の強みは、ほかの店舗型の証券会社

四季報 | 上場企業の事業内容や業績、過去の株価などがまとめられたもの。四半期ごとに発行される

初心者にオススメなのは「ネット型」

気軽に株の
取引をしてみたい

仕事の合間に
取引したい

おもなネット型証券会社

SBI証券、楽天証券、松井証券、DMM.com証券、マネックス証券、SBIネオモバイル証券、LINE証券

手数料が安く24時間いつでも買える「ネット型」

ネット型の証券会社は手数料が安いため、店舗型に比べて敷居が低く、初心者でも始めやすいです。24時間いつでも売買できるため、「平日は仕事で忙しい」という人にもオススメです

松井証券やSBI証券、楽天証券は休日もコールセンターが営業しているため、初心者でも安心です

と比較して取引手数料が安く抑えられることです。また、SMBC日興証券では、「日興フロッギー」というウェブサービスを提供しており、100円から株を購入することができます。**コストを抑えて少額投資を始めやすいため、投資初心者にオススメです。**

野村證券は調査能力や情報収集能力が高いという強みがあるため、豊富な投資情報や銘柄レポートをもとに株式投資をすることができます。取り扱っている金融商品の数も多く、投資対象の選択肢の幅を広くすることができます。専門家の豊富な調査レポートをもとに株式投資をしたい場合、野村證券がオススメです。

ネット型は松井証券

私の場合ですが、店舗型は岡地証券です。知名度が低い分、本当に細かく相談できます。ネット型で気に入っているのは、企業概要が見やすい松井証券です

ドル・コスト平均法　金融商品を一度に購入せず、一定額ずつ分けて購入して、買値平均を抑える方法のこと。長期投資において価格変動リスクを下げられる

口座開設 05

必要書類を用意し証券会社で証券口座を開設

最短即日から約1週間程度で口座を開設できる

オンラインで口座開設（松井証券）

申し込み方法をオンラインか郵送か選択する

証券会社を決めたら、口座を開設します。ネット型の証券会社の口座開設は、郵送またはインターネットからのオンラインで手続きすることができます。

どちらの場合も、**マイナンバー確認書類と運転免許証や健康保険証などの本人確認書類、金融機関口座が必要になります**。郵送で手続きをする場合は、印鑑も必要になるので準備しておきましょう。

店舗型の証券会社では、郵送、オンライン申し込みのほかに、お店で直接口座を開設することもできます。

マイナンバー確認書類｜通知カードやマイナンバーカード、住民票などマイナンバーが記載されている公的書類のこと

個人情報を入力する（オンライン申し込みの場合）

店舗で手続きをする場合、即日で口座開設することができるので、申し込んだその日から取引を始められます。

必要事項を入力し書類をアップロードする

ここでは、ネット証券のひとつである松井証券を例に口座開設の流れを紹介します。

まずは松井証券のWebサイトへ行き、「口座開設」のボタンをクリックします。すると、申し込み方法の選択画面が出てきますので、利用したい手続き方法を選択しましょう（上右図参照）。

インターネットで申し込む場合は「オンラインで申し込む」を選び、住所・氏名・生年月日などの必要事項を入力します（上図参照）。

入力が完了したら、マイナンバー確認書類と本人確認書類の写真を撮り、アップロードします（次ページ図参照）。このとき、**入力した必要事項とアップロードした本人確認書類の氏名、住所が同一でないと口座**

本人確認書類をアップロード

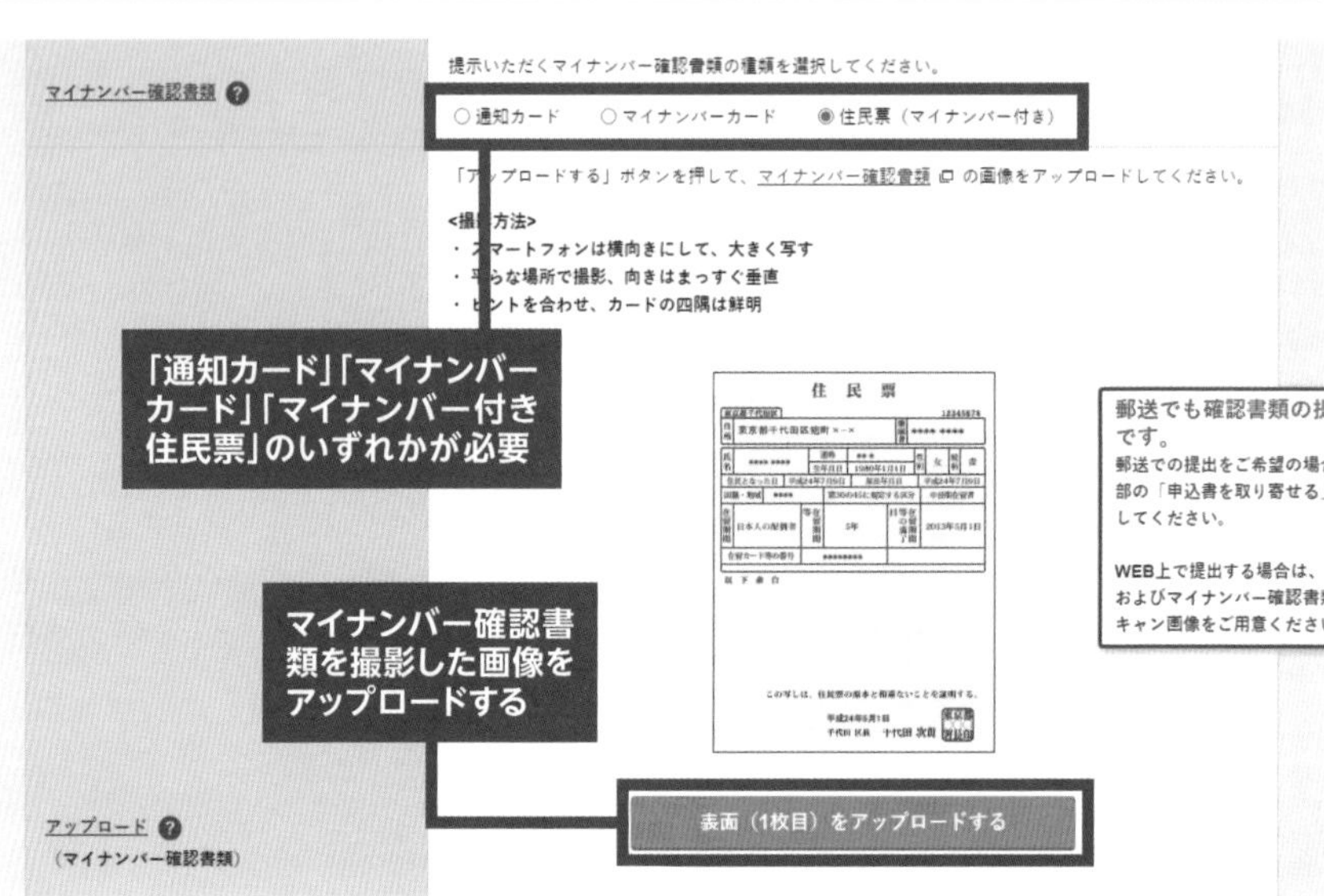
マイナンバー確認書類
提示いただくマイナンバー確認書類の種類を選択してください。
○通知カード　○マイナンバーカード　◉住民票（マイナンバー付き）
「アップロードする」ボタンを押して、マイナンバー確認書類の画像をアップロードしてください。
「通知カード」「マイナンバーカード」「マイナンバー付き住民票」のいずれかが必要
住民票
マイナンバー確認書類を撮影した画像をアップロードする
アップロード
（マイナンバー確認書類）
表面（1枚目）をアップロードする

を開設することができないため、必ず一致しているかどうか確認しておきましょう。

「個人口座開設のお申し込みを受け付けました」と表示されたら手続き完了です。

その後、松井証券から郵送される「口座開設のお知らせ」とログインに必要な情報を受け取ったら、取引を始めることができます。

郵送での申し込みはまず申込書を取り寄せる

郵送で申し込む場合も同様に、松井証券のWebサイトから申し込みを行います。申し込み方法の選択画面（30ページ図参照）で「申込書を取り寄せる」を選択し、必要事項を入力すると、入力した情報と、口座のIDと暗証番号が記載された申込書が郵送されてきます。

記載内容に間違いがないか確認し、申込書に署名をしたら、申込書と本人確認書類・マイナンバー確認書類を松井証券に郵送します。オンラインと同様に、記

口座開設手続きが完了

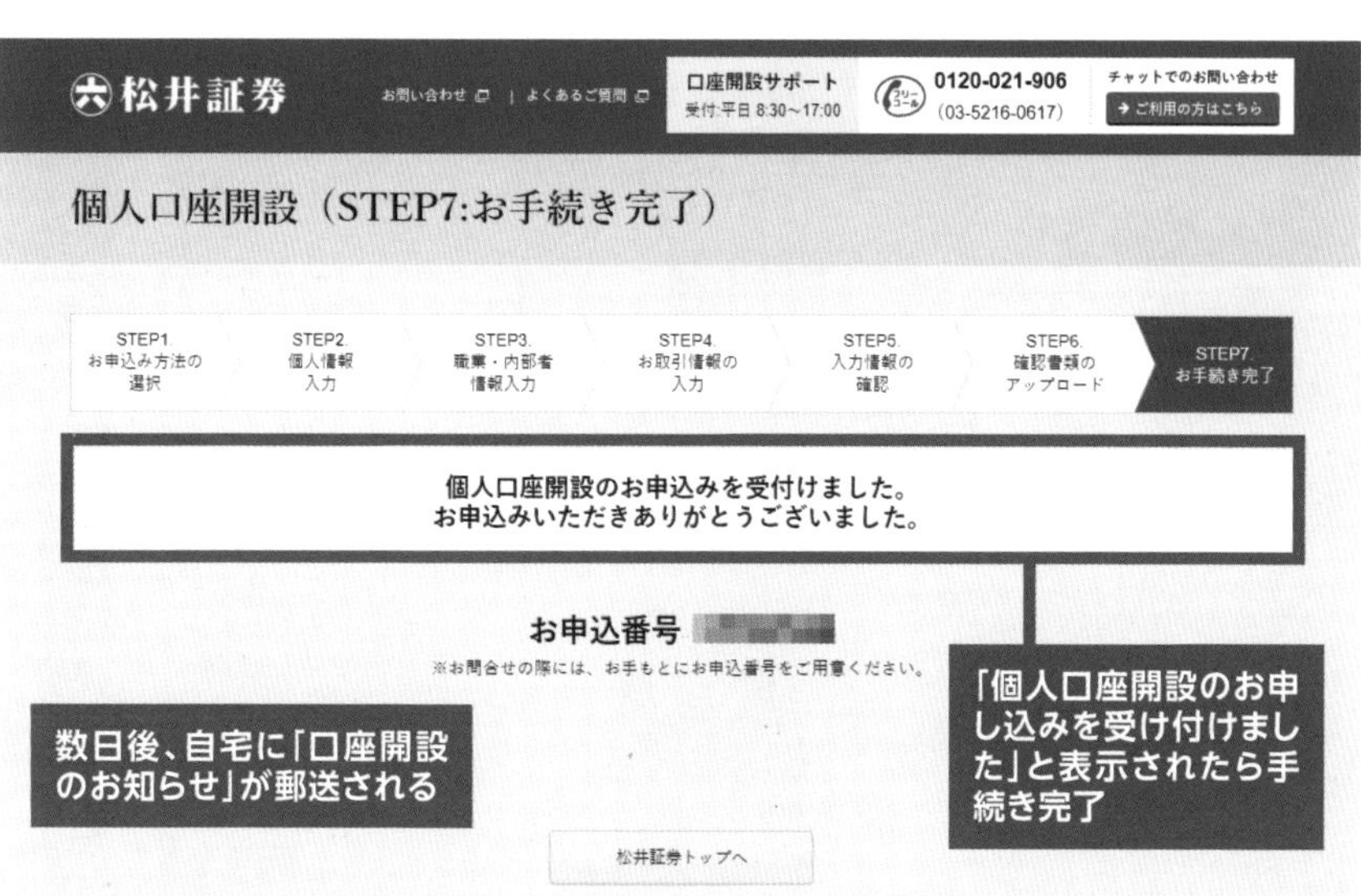

載された住所、氏名が本人確認書類と一致していないと口座を開設することができません。

郵送での手続きの場合、書類に不備があると手続き完了までに時間がかかってしまうので、より注意深く確認しましょう。また、文字が薄くて読み取れないトラブルを避けるため、必ず署名は黒のボールペンで行い、本人確認書類の印字が鮮明であるかどうかもチェックしておきましょう。

松井証券では、**申し込みから取引できるようになるまで、オンラインの場合は数日、郵送の場合は1週間ほどかかります。**

未成年口座の開設

私がネット型を開設するきっかけになったのは、未成年の息子の口座を開ける証券会社が、その当時は松井証券だけだったというご縁があります

口座開設 06

証券口座の出入金は預金口座を通して行う

インターネットを利用して手数料を節約する

取引を行うためには、事前に証券口座に投資資金を入金する必要があります。**入金の手続きは、自身が利用している預金口座などから、証券口座へ振り込みという形で行います**。入金にかかる手数料は無料となっていることが多いです。

また、インターネットバンキング（ネットバンキング）から入金することもでき、その場合は即時入金することができます。インターネットからの手続きは24時間対応していることがほとんどのため、好きなとき

証券口座に入金が必要

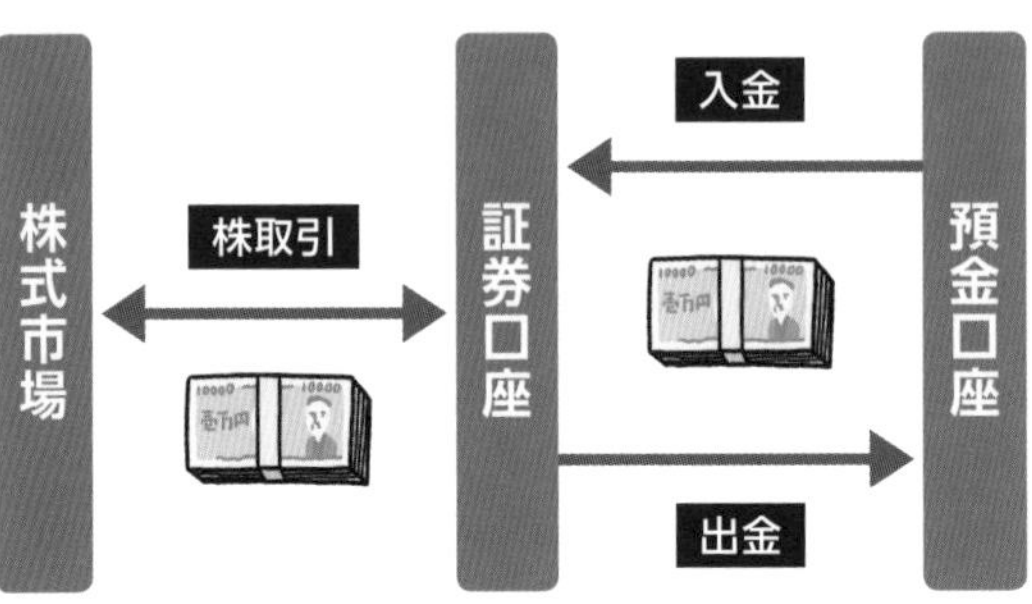

手数料はかかりますが、証券口座に直接振り込むこともできます

ネットバンキング｜銀行口座の残高照会や振り込みなどのサービスを、インターネットで使用できるシステム

5大ネット証券の出入金手数料

内訳		SBI証券	楽天証券	松井証券	マネックス証券	auカブコム証券
入金	ネットから振り込み	無料	無料	無料	無料	三菱UFJ銀行・auじぶん銀行・ゆうちょ銀行のみ無料
	窓口から振り込み	金融機関ごとの手数料				
出金	口座振り込み	無料	無料	無料（即時出金は1回300円）	無料（即時出金は1回330円）	三菱UFJ銀行・池田泉州銀行・中京銀行・イオン銀行・auじぶん銀行のみ無料

2020年9月3日時点の各ホームページのデータをもとに作成

に利用することができます。

反対に、株を売ってできたお金を現金として使いたい場合は、預金口座に出金しなければなりません。**出金の手続きも入金と同様に、銀行などの金融機関に振り込む形で行います**。

出金手数料は金融機関によって異なります。

大和証券では、大和ネクスト銀行を利用した場合、自分名義の口座への振込は何回でも手数料が無料です。営業日の朝9時までは即日出金、それ以降は翌営業日出金になります。

松井証券では、翌営業日以降の出金となる方法と、リアルタイムに送金する即時出金の2種類を用意しています。翌営業日以降の出金の場合は手数料が無料になり、即時出金の場合は月5回まで、手数料は1回300円となっています。

そのほか、毎月月末に指定された金額を金融機関の口座から自動で引き落とし、引落日から5営業日後に証券口座に入金する「定期入金」のサービスを行っているところもあります。

入金方法を選択する

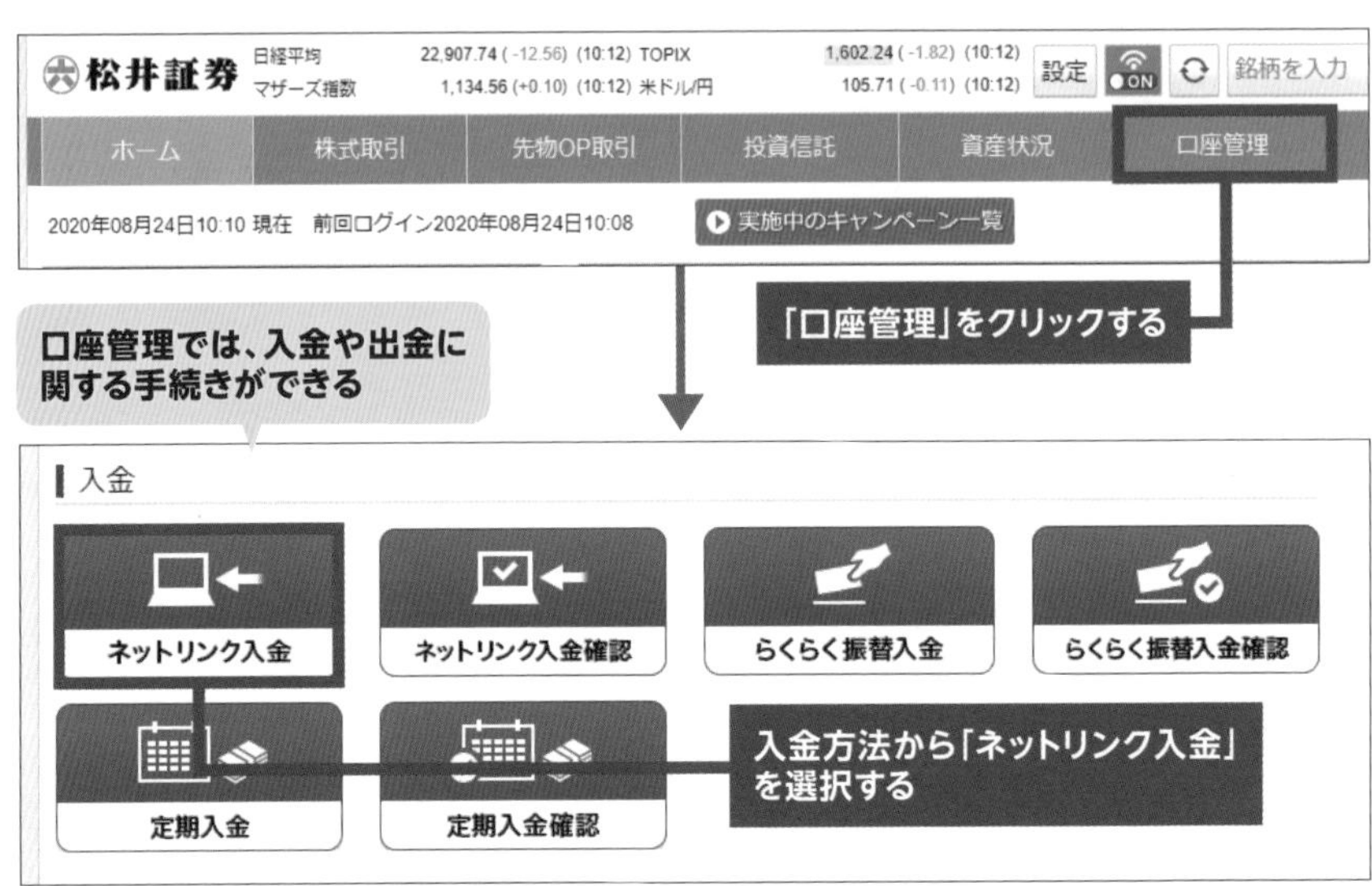

オンライン上で手続き完了 松井証券の出入金方法

実際に、松井証券を例に出入金の方法を確認してみましょう。

入金の手続きはパソコンやスマホのアプリから行うことができます。パソコンから入金を行う場合、まずはお客様サイトにログインし、「口座管理」をクリックします。

口座管理ページを開いたら、入金欄に入金方法が表示されるので、利用したい入金方法を選択します（上図参照）。松井証券では「ネットリンク入金」「らくらく振替入金」「定期入金」「口座振込」の4つの入金方法がありますが、今回は「ネットリンク入金」を例にとって説明します。

入金方法を選択したら、利用したい金融機関を選びます。このとき、**金融機関（預金口座）のインターネットバンキングサービスを利用するので、あらかじめ各金融機関で利用手続きを済ませておきましょう。**選択

振り込む金額を入力する

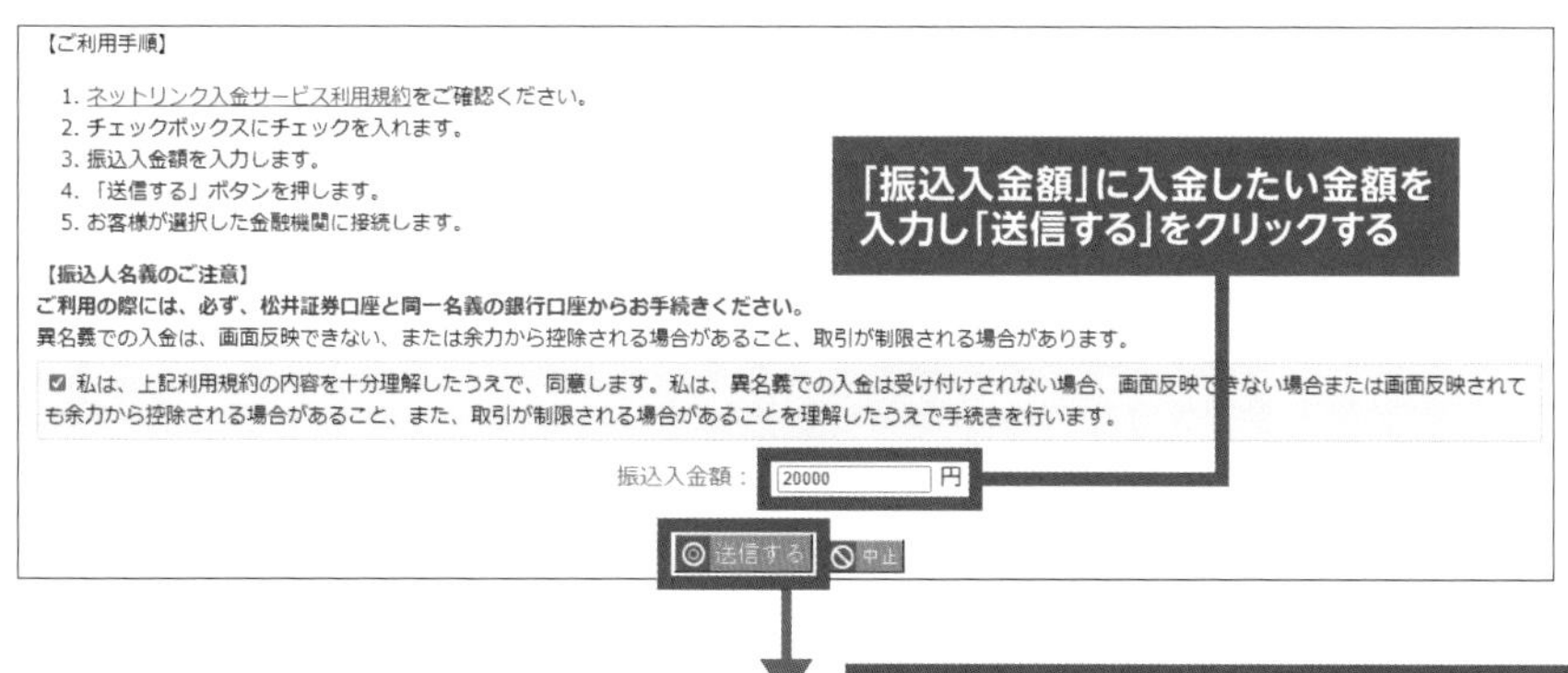
【ご利用手順】

1. ネットリンク入金サービス利用規約をご確認ください。
2. チェックボックスにチェックを入れます。
3. 振込入金額を入力します。
4. 「送信する」ボタンを押します。
5. お客様が選択した金融機関に接続します。

【振込人名義のご注意】

ご利用の際には、必ず、松井証券口座と同一名義の銀行口座からお手続きください。

異名義での入金は、画面反映できない、または余力から控除される場合があること、取引が制限される場合があります。

☑ 私は、上記利用規約の内容を十分理解したうえで、同意します。私は、異名義での入金は受け付けされない場合、画面反映できない場合または画面反映されても余力から控除される場合があること、また、取引が制限される場合があることを理解したうえで手続きを行います。

振込入金額：20000 円

送信する　中止

「振込入金額」に入金したい金額を入力し「送信する」をクリックする

「振込完了」と表示されれば入金手続き完了

ネットリンク入金確認

様 のネットリンク入金状況は、次のとおりです。

余力一覧表示　更新

受付日時	完了日時	金融機関名	振込入金額[円]	状況
2020/08/24 10:13	2020/08/24 10:18	三井住友銀行	20,000	振込完了

後、送金したい金額を入力し、規約に同意のうえ「送金する」を押します。

すると、選択した金融機関のサイトが立ち上がるので、ネットバンキングによる振り込み手続きをします。その後、口座管理のページを再度開き、入金欄の「ネットリンク入金確認」を押して「振込完了」と出て入れば、入金が完了です（上図参照）。

出金したい場合は、同じく「口座管理」から「出金依頼」を選択します。出金日と金額を指定し、規約に同意したら、再度内容を確認し、取引暗証番号を入力して「依頼する」を押せば手続き完了です。

配当金も証券口座に

投資資金は多いに越したことはありませんが、あくまでも余力資金で入金しましょう。配当金も証券口座に入金されるようにしておけば、毎年資金が増やせます

COLUMN2

複数の証券口座を持つメリット

店舗型とネット型のメリットを活かせる

実店舗を介して行う証券取引と、ネット型の証券取引の違いは、26ページで説明した通りです。それぞれにメリット・デメリットがありますが、両方の口座を持つことでそれぞれの欠点をカバーできます。

たとえば、店舗型の口座では長期保有を前提とした取引と相性がよく、ネット型の口座では短期的なトレード取引と相性がよいのです。

店舗型のデメリットは、ネット型に比べて手数料が高いことにありました。しかし、長期的な株取引では１週間のうちに何度も取引しません。多少手数料が高くても、比較的取引の回数が少ないため手数料の高さは問題ではないのです。それよりも、窓口や電話で担当者と相談ができる、という店舗型特有のサポート体制がデメリットを上まわります。

一方で、ネット型を利用すると手数料が安いため、その時々に合わせた取引が可能です。

口座開設自体は無料ですし、これら２つの口座を持っていると、長期、短期の取引に応じて、それぞれのメリットを活かした運用ができます。

上記の理由以外でも、証券口座を複数持っている人は多くいます。たとえば、同じ商品でも証券会社によって手数料が違ったり、証券会社によってネット型の口座で使えるサービスが異なるため、ネット型の口座を複数持つ人もいます。

3章

迷わずにわかる取引の手順

どのように注文を出し、どういった流れで取引が行われるのでしょうか。注文の種類や使い分けなど、取引に必要な知識を説明します。

取引方法01

デモトレードで株の取引を体験して感覚を掴む

デモ口座で株取引を体験することができる

ネット証券であれば、株の売買（注文）は、すべてインターネット上でできます。いきなり取引を開始することに抵抗があれば、まずはデモ口座を開設し、デモトレード（デモ取引）を体験するのもひとつの手です。現金がなくても、実際のような株取引を体験できます。

デモトレードのサービスを提供するサイトやアプリから、無料で開設できます。口座開設用のページで、名前、電話番号、メールアドレス、取引暗証番号などを入力します。デモ口座内では仮の資金が用意され、それを使って株式を購入・売却していきます。

ただし、ここで注意しておきたいのは、目的なくデモ取引を続けても効果はない、ということです。あくまで、**「株取引に慣れるため」「自分にあったトレード方法を探すため」「損切りのラインを知るため」といった目的を明確に持って行いましょう。**

実際の取引と環境が違うことを把握する

デモトレードは、実際の取引と環境が少し異なる点に留意しましょう。デモトレードは利用者やサーバー

デモトレードの画面

トレダビ V00001 その他 【貸借銘柄】　★登録　更新

[V]織田土木　実在する銘柄のほかに、デモトレード用のオリジナル銘柄もある

現在値(08/18 15:00) ←369　前日比 0 (0.00 %)

始値	368円 (08/17 18:00)	単元株数	1,000株 (08/18 15:00)
高値	370円 (08/18 10:12)	単元価格	369,000円 (08/18 15:00)
安値	365円 (08/17 21:33)		
前日終値	369円 (08/17)		
出来高	6,621,000株 (08/18 15:00)		
売買代金	2,439,728千円 (15:00)		
値幅制限	289 ～ 449円 (08/18)		

実際の株価の情報と同じ内容が記載されている

実際に取引してるみたい

出所：トレダビ

が異なるため、実際の値動きや取引のスピードも異なります。

また、実際に自分のお金を使うわけではないので、緊張感がなくなってしまうケースもあります。実際の取引では損切りのタイミングなどに頭を悩ませるものですが、ゲーム感覚でデモトレードを行うと特に悩まず取引を進めてしまいます。どういうメンタルで行えるか、というのも環境の違いといえます。

これらの点を押さえた上で、緊張感を持ってデモ口座での取引を行うと、実際の取引で役に立つ「感覚」が掴めるかもしれません。

少額投資でも株を体験

デモトレードでは緊張感や実感が得られない、という場合は、少額でも購入できる銘柄で運用すると、損失を小さくできる上に、実際の株取引を体験できます

注文はインターネットで簡単にできる

株の注文はインターネット上で行う

注文の出し方は、銘柄を買う場合、売る場合、どちらも簡単な手順で行えます。

まずは、取引している証券会社のホームページで自分の口座にログインし、注文したい銘柄の名前や証券コードを入力して検索します。注文したい銘柄の紹介ページを開くと、「現物買」「現物売」という2つのボタンがあります。

銘柄を買いたいときは「現物買」のボタンをクリックします。すると、「注文板」（46ページ参照）と呼ばれる現在の取引状況を示す表や、「注文方法」の入力画面が現れます（図参照）。注文方法の欄には、買いたい株数を入力します。最低何株から購入できるかは銘柄によって違うため、購入前に確認しましょう。

また、注文方法には「成行」「指値」「逆指値」など基本的に3種類あるので（44ページ以降参照）、いずれかを選択します。

最後に取引暗証番号を入力し、「注文確認画面」へ移動するボタンを押しましょう。株価を誤認していた、入力ミスがあった場合は取引を止めたり、内容を修正します。ミスがなければ注文を確定させます。

次に、買った銘柄を売る場合です。**銘柄を売りたい**

証券コード　銘柄を識別するための4桁の番号。銘柄を検索する際などに利用できる。銘柄コードともいう

買い注文の方法(松井証券)

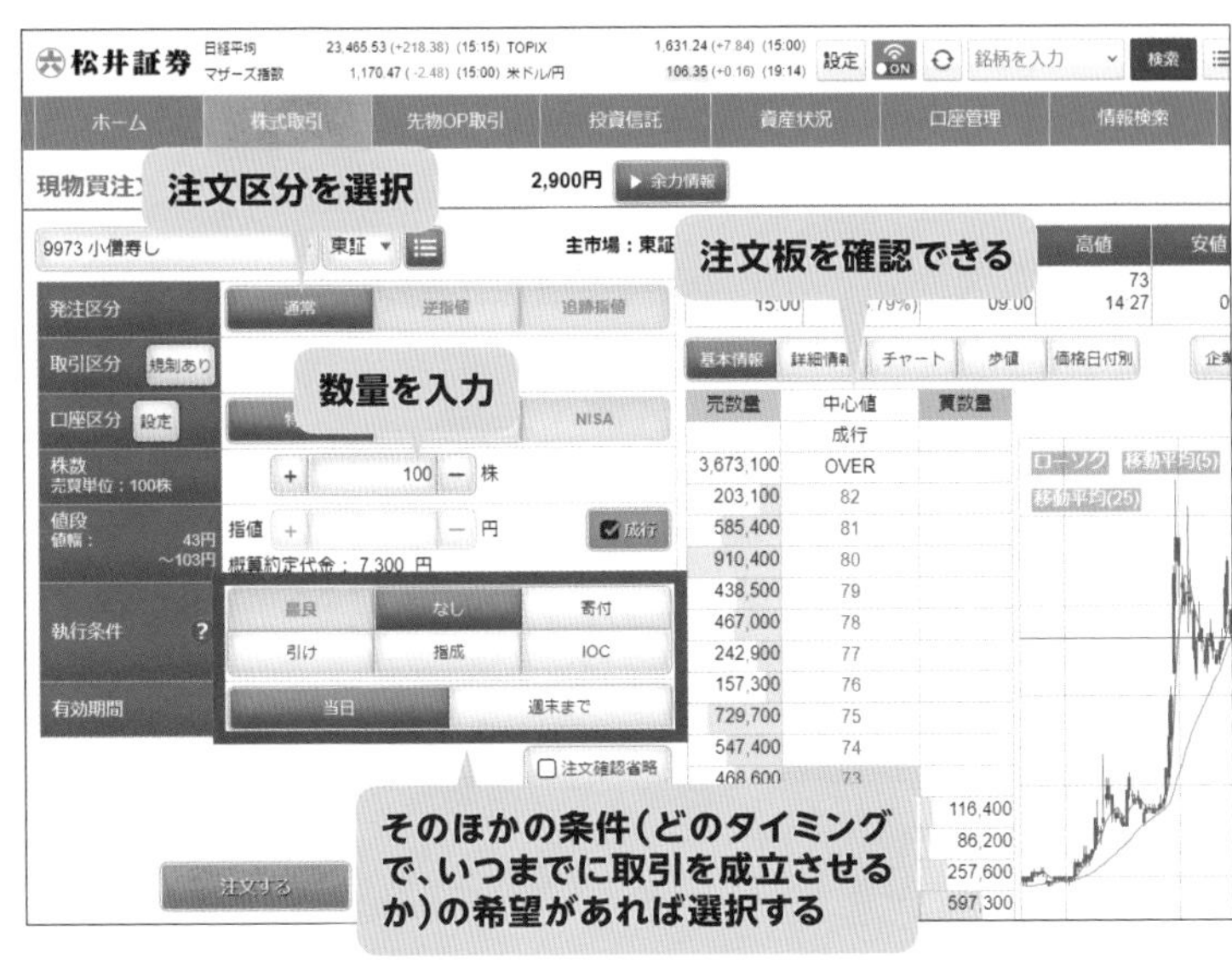

注文区分を選択
注文板を確認できる
数量を入力
そのほかの条件(どのタイミングで、いつまでに取引を成立させるか)の希望があれば選択する

ときは、買うときと同様に、証券会社の売買画面を開きます。そして、「現物売」のボタンをクリックします。

こちらも「注文板」や「注文方法」の入力画面が現れるので、売りたい銘柄を選び、株数や希望の注文方法を選択します。

最後に取引暗証番号を入力し、注文確認画面で注文内容を確認して、問題なければ注文を確定させます。

マイページに移動すると、今までの注文を確認できます。約定してなければ、訂正や取り消しも可能なので、改めて確認しておくとよいでしょう。

注文は落ち着いて行う

数量や条件を間違えないように、慣れないうちは慌てずひとつひとつ確認しながら注文しましょう。注文前には、注文板(46ページ参照)の確認も忘れずに!

取引方法 03

成行注文は値段を指定せず株を売買する方法

成行注文のしくみ
この銘柄が今すぐ欲しい!
この銘柄を今すぐ売りたい!
投資家(株主)
投資家(株主)
買いの注文を出す
売りの注文を出す
証券取引所
ニーズが一致して売買が成立する

初心者にとってわかりやすい注文方法

注文方法のひとつに、「成行注文」という最もスタンダードな方法があります。これは、値段を指定せず、銘柄と株数だけを指定する方法です。つまり、その時点で買える、売れる株価で売買する、ということです。文字通り、成行(なりゆき)での売買です。

株式の売買は、いくら自分が1000円で買いたいと思っていても、1000で売りたいと思っている人がいなくては成立しません。そうしたなか、成行注文を出すと、値段を指定しないため、注文が確定する可

約定　株取引の売買が成立すること。実際に代金や株が受け渡されることは決済と呼ばれる

単元のしくみと確認方法

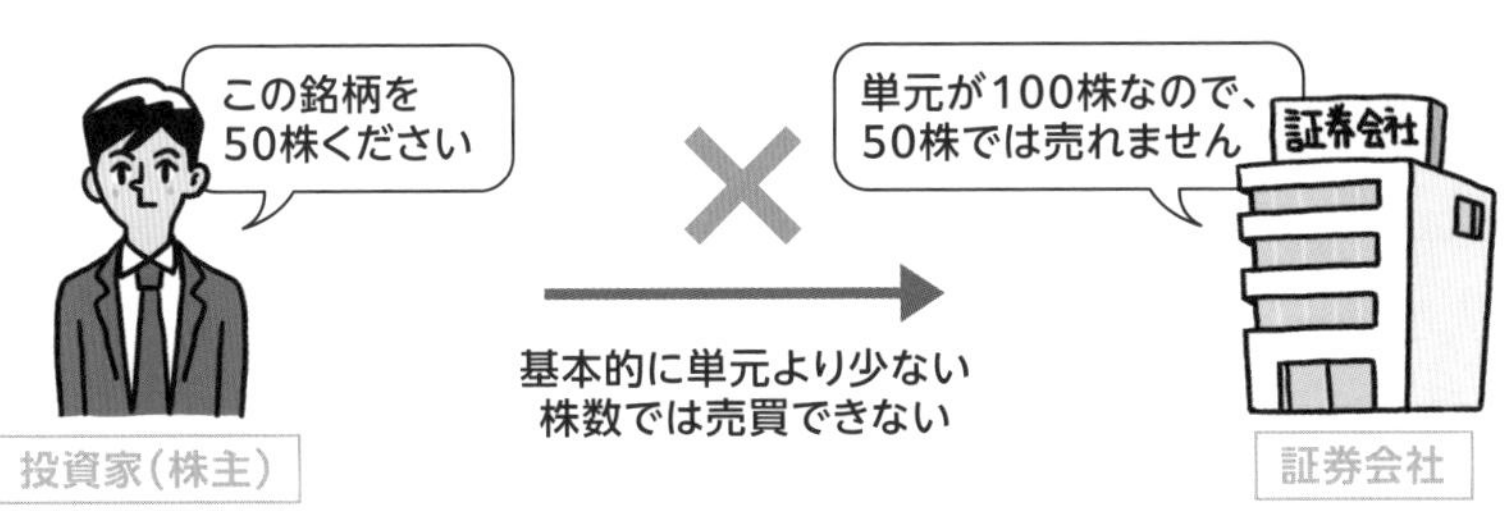
この銘柄を
50株ください
単元が100株なので、
50株では売れません
証券会社
基本的に単元より少ない
株数では売買できない
投資家（株主）
証券会社

最低購入代金 用語	800（11:30）
単元株数 用語	100株
年初来高値 用語	15（20/07/07）
年初来安値 用語	4（20/04/14）

単元数は、証券会社など、銘柄の情報が掲載されたサイトで確認できる

出所：Yahoo!ファイナンス

能性が高くなります。この、注文が確定することを「約定」といいます。指値注文などのほかの注文方法では、なかなか約定しないケースが多いため、**すぐに売買したい場合は成行注文を利用します。**

株は「単元」という塊で買うのが基本

株は、最低限何株から購入できるか、という数が決まっています。この最低限の数を「単元」と呼びます。

株の単元は100株が一般的です（なかには単元が1株や1000株の銘柄もあります）。

株は分けて買う

初心者の場合は、成行注文で細切れに購入していくとよいです。一度に大量に買うより、株価が下がったときに買い足していくとお得です

取引方法04

注文の前に確認必須 注文板の見方

注文板にはどれくらいの値段でどれくらいの量が売りたいか書かれている

注文板とは、おおまかには、銘柄を買いたい人・売りたい人の情報です。この情報は「売数量」「気配値」「買数量」の3つの数字で表されます。すでにその銘柄を持っている人がいくらならこの枚数を売るかの情報は「売数量」、これから銘柄を買う人がいくらならこの枚数を買うかは「買数量」、それぞれの売買がどれくらいの値段で希望されているかが「気配値」です。

この注文板を確認しないと、成行注文では損をしてしまう可能性があります。

注文板とは

「この値段で売りたい」「この値段で買いたい」など、あらかじめ株の売買を予約している人たちの情報が「注文板」にまとめられている。

売数量	気配値(円)	買数量
250	116	
300	113	
150	112	
100	110	
	107	150
	106	250
	105	300
	104	150

「110円なら売りたい」という株が100株ある

「107円なら買いたい」という株が150株ある

注文板の見方

成行注文で買う場合は、「売数量」を見る

売数量	気配値(円)
1500	95
1000	92
500	90
	88
	87
	85

最安値から順に購入する。現在価格は、最安値から順に90円が500株、92円が1000株、95円が1500株である。

1000株分減少!

購入後は注文板の数が変化する

売数量	気配値(円)
1500	95
500	92
0	90
	88
	87
	85

最安値から順に1000株を購入したため、90円の株を500株と92円の株を500株購入した。合計金額は91000円、1株あたり91円で購入したことになる。

たとえば、Aさんが株価90円という割安なA株を発見し、1000株購入しようと思いました。しかし注文板を確認すると、一番安い90円の「売数量」は500株、その次に安い92円の「売数量」の欄には1000株と書かれています。もし、この状態で成行注文を行うと、90円で500株、92円で残りの500株が購入されるのです。つまり、予想より2円高い値段で500株も買ってしまうことになるのです。

反対に、成行注文で売る場合は、注文板にある一番高い値段から売られていきます。

注文板を見る習慣

成行注文では、すでに株を持っている人が希望する株価に合意する形で取引されるため、注文板の確認が必要なのです。注文板の確認は習慣にしておきましょう

取引方法 05

指値注文は売買する値段をあらかじめ指定する方法

銘柄ごとの注文板を見ることによって、どの金額でどれくらい予約されているかを確認できます。

成行注文では難しい希望の金額での売買が可能

指値注文とは、銘柄、数、値段をあらかじめ指定する、いわば「予約」のような注文方法です。注文の際には、「A株を500円で1000株購入する」、といった、より具体的な指示を出すイメージです。**すぐに指定した条件に合う取引相手が見つかるわけではないため、約定には時間がかかります。**

また、売買は先に予約した人から順番に行われます。こうした順番待ちが発生するのも、指値注文での約定が遅れる原因のひとつです。

初心者は少量の指値注文から慣らしていく

指値注文は「条件が合えば売買したい」といったタイミングで利用しましょう。反対に、購入した銘柄が予想外の値下がりをした場合など、すぐに売りたいときは成行注文で素早く売るのが基本です。

また、取引に慣れていない初心者は、売買の価格を決めずらいため、売買の相手が見つかりにくく、一方で大勢が取引したがる価格では振り回されて損をする

指値注文で売りに出した場合

❶注文板を確認する

売数量	気配値
1500	95
1000	92
500	90
	88
	87
	85

1000株90円で売りたいため、売数量の90円の欄を見る。売りに出されているのは500株のみ。

❷指値注文で株を売る

売数量	気配値
1500	95
1000	92
1500	90
	88
	87
	85

注文を出すと、90円の売数量が500株から1500株に増える。

❸注文が確定する

売数量	気配値
1500	95
1000	92
0	90
	88
	87
	85

株価が90円になると、先着順に約定するため、注文板の売数量も減少する。

可能性が高くなるからです。まずは成行注文で感覚を掴んでいきましょう。

ただし、少量の取引であれば思うように取引ができなくてもダメージが少ないため、慣れる意味でも使っていくのはよいでしょう。成行注文で株の取引に慣れた人は、少量の買い足しなどで指値注文に挑戦してみましょう。

指値注文のメリットは、成行注文でよく起こる「思っていたより高い金額で買ってしまった」といったトラブルを回避できる点です。状況によって成行注文と指値注文を使い分けるのだと覚えておいてください。

特に確認が必要な市場

東証二部、東証マザーズなど、東証一部に比べて売買数の少ない市場では、注文板の気配値に10円以上の幅が出ることがあります

自動的に損切りできる逆指値注文

「損切り」をためらうなら逆指値注文で自動的に売れる

株価が上昇すると思って買った銘柄が、みるみる値下がりしていった……。そんなとき、損失を小さく抑えるために思い切って売却するか、後から値上がりするのを待つかで悩む、といったシチュエーションは多くあります。

損失額が小さいうちに売却することを「損切り」といいます。完璧に株価を予想することは不可能のため、損切りは株取引において必要なテクニックなのですが、いざ損切りをするとなれば、なかなか踏ん切りがつきません。そういった場合は、逆指値という注文方法が便利です。

これは文字通り、指値注文と真逆の注文です。指値注文は、株価が指定した値段まで上がったときに自動的に売り、指定した値段まで下がったときに自動的に買うことができます。

逆指値注文では、株価が指定した値段までに下がったときに自動的に売り、指定した値段まで上がったときに買うことができます。

これの注文方法を利用すると、損切りのラインをあらかじめ設定して、それを下回ったら自動的に株を売ってしまうことができます。

逆指値注文による損切り

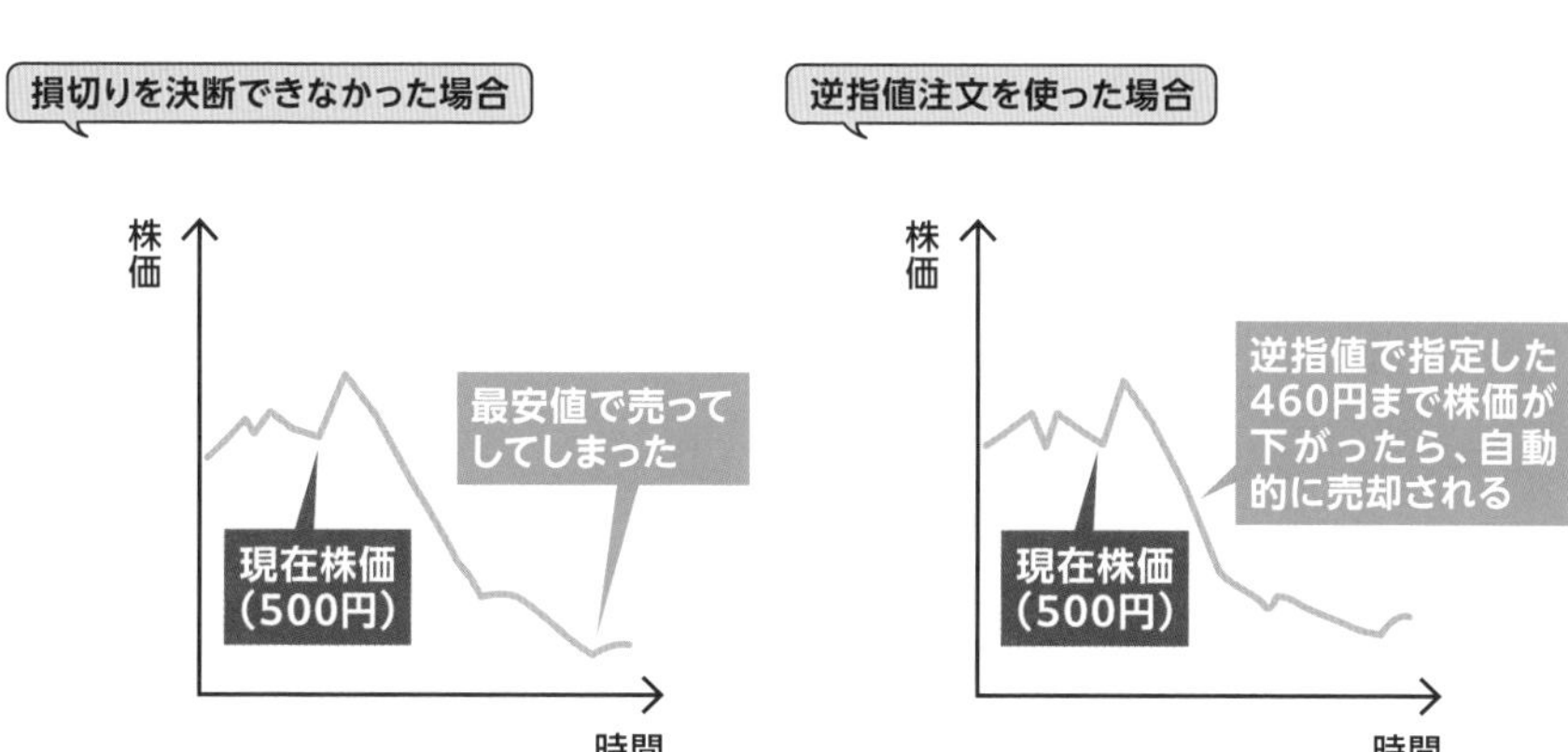
損切りを決断できなかった場合
株価
最安値で売ってしてしまった
現在株価（500円）
時間
逆指値注文を使った場合
株価
逆指値で指定した460円まで株価が下がったら、自動的に売却される
現在株価（500円）
時間

株価が予想に反して下落したとき、損失を抑えるために早めに売ることを「損切り」といいます。逆指値注文を使うと、指定の値段で自動的に売られるので便利です。

高値で買うのもテクニックのひとつ

「株価が高いときに株を買う、という逆指値注文の機能は必要なの？」と疑問に思うかもしれませんが、これは、上昇トレンドが始まったタイミングで株を買う、というテクニックで役立ちます。

一般的に、株価が直近の高値を上回ったら上昇トレンドのサインといわれます。今後上がるか下がるかわからない状態で買うよりも、上昇するとわかった後で購入しておこうという作戦ですね。

暴落時に役立つ逆指値

コロナショックなど、大きな株価の下落には逆指値は大変役立ちます。「○○ショック」と呼ばれる大暴落では、業績も何もかも関係なく売られていきますからね

取引方法07

指値注文と成行注文が合体した方法が不成注文

その日のうちに取引を終えたい場合に有効

指値注文を使って希望の金額で購入したいが、明日になると市場が変動してそうだから今日中に購入したい。そういったシチュエーションで使えるのが不成注文です。

これは、注文を出してから引け（前場、後場での最後の売買）の間は指値注文になり、引けまでに取引が成立しなかったら、引けの時点での株価（終値）で成行注文として約定される、という注文方法です。名前のとおり、指値注文と成行注文を組み合わせた注文方法ですね。

最終的には成行注文となるため、高確率でその日のうちに売買が成立する点がメリットだといえます。

株価は毎秒、毎時間、毎日変わっていきます。そのため、大きく値動きする前に約定しておきたいタイミングは多々あります。しかし、だからといっていきなり成行注文を利用すると、少々不利な値段で売買することになり、場合によっては損をしますから、なるべく避けたいものです。

希望の株価が出るギリギリまで待ち、それが叶わなければ終値で約定する。不成注文ではこの作戦が可能になります。

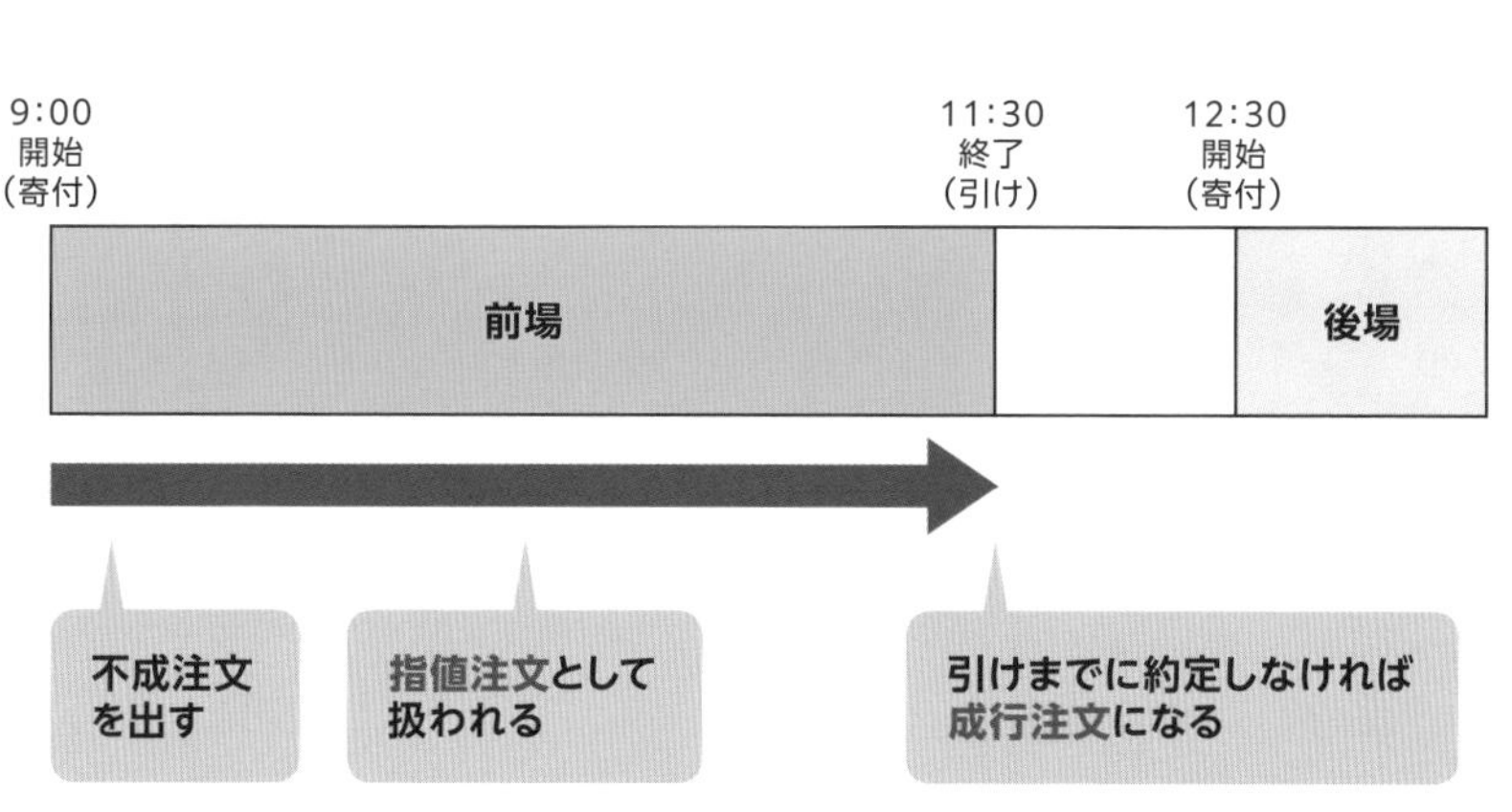

注文を出した時間によっていつ成行注文になるかが違う

前場の引けは前引け、後場の終わりは大引けと呼ばれます（18ページ参照）。

不成注文では、前場で不成注文を出すと、前引けで成行注文になり、後場で不成注文を出すと、大引けで成行注文になります。

大引きでの約定を希望していたのに、間違えて前場で注文を出してしまうことがないように、希望のタイミングで注文を出しましょう。

証券会社で名称が違う

松井証券では不成注文という名前の注文はありませんが、指値注文で執行条件の「指成」を選択するとこの注文が可能です

寄付　証券場での取引が開始するときのこと。前場、後場に分かれる場合も、それぞれの開始を寄付と呼ぶ

信用取引は儲けを目的に利用してはいけない

信用取引を使うと「売り」から始められる

ここまで説明してきた取引は「現物取引」といって、手持ちの資金の範囲で売買する方法です。

株の売買には、もうひとつ「信用取引」という方法があります。**資金や株式などを担保（証拠金）に、証券会社からお金を借りて取引する方法です。**

担保、つまり、今時点で証券会社の口座にある資金の3.33倍の金額を上限に、お金を借りる形（実際に借りません）で株の売買ができるのです（レバレッジ）。本来自分が持っている資金で取引するよりも大きなリターンを狙える可能性があります。ただし、損をしたときは、追加で担保となるお金を支払うことがあるため（追証）、信用取引は慎重に行うべきです。

信用取引のメリットは、売りから始められることにあります。少しイメージしづらいですが、本来は手元にないはずの株を証券会社から借りて売買するという方法です。「空売り」「信用売り」と呼ばれます。

まず、証券会社から株を借りて、それを一旦、代わりに売ります。借りた株は返す必要があるため、株価が下がったときに安値で株を買い戻して、証券会社に返却します。高値で売って、安値で買う、という、現物取引とは逆の順番で取引するのが特徴です。

信用取引のしくみ

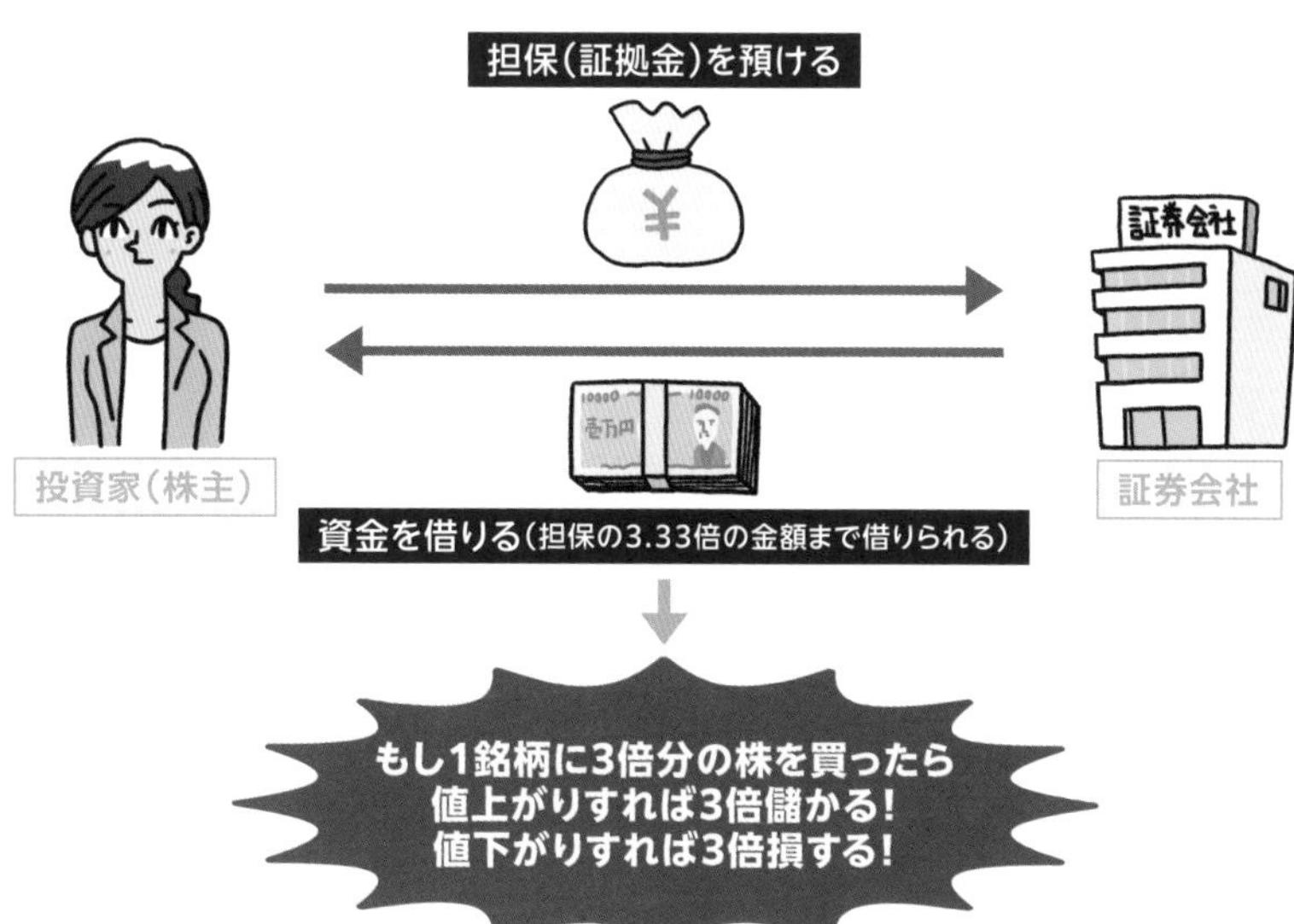
担保(証拠金)を預ける
証券会社
投資家(株主)
証券会社
資金を借りる(担保の3.33倍の金額まで借りられる)
もし1銘柄に3倍分の株を買ったら
値上がりすれば3倍儲かる!
値下がりすれば3倍損する!

儲けることではなく資産を守ることが大切

多くの信用取引で失敗してしまうのは、儲けようという気持ちが強くなりすぎて、作戦を見誤るためです。「儲けたい」という気持ちより、**「資産を守ること」を意識することで、信用買いによる大損を避けられます。**たとえば、信用取引を行うのはかなり安値のとき、などと限定するのです。また、信用取引で購入した株を引き取って長期保有するにはまとまった資金が必要なため(現引き)、そこも視野に入れましょう。

信用取引も分けて買う

好きな銘柄が安値圏に入った場合、数回に分けて信用取引で購入します。値上がりしてしまい安く買えなかった分だけは、すぐに利益確定させてしまいます

信用買い(売り)｜信用取引を用いて株を購入(売却)すること。空買いとも呼ぶ。反対に、信用取引を用いた株の売却は信用売りという

株やお金の移動にはタイムラグがある

現物取引は3営業日目に決済が行われる

売りに出した注文が約定されると、手元にお金が入ってきます。しかし、お金がすぐに必要だからといってすべての株を売ったとしても、すぐに口座に入金されるわけではありません。**約定した後、実際に資金や証券が移動することを「決済」といいます**。つまり、自分の口座に現金が入ってきたり、株が自分のものになることを指します。

通常、東京証券取引所で行われる現物取引（お金を出して株を購入する取引方法）では、3営業日目に決済が行われます。たとえば、金曜日に約定した取引は、営業していない土日を間にはさんでしまうので、翌週の火曜日に株やお金が移動されます。約定したからといってすぐにお金や株が手元に入るわけではないのです。

証券取引所では1日のうちに膨大な数の取引が行われるため、こうしたタイムラグが生じてしまいます。また、証券会社と証券会社の間に日本証券クリアリング機構（JSCC）と呼ばれる清算機関が仲介して、決済が行われます。普段私たちが利用する口座振替と同じしくみを使って、証券会社間で決済が行われています。

約定から決済までの時間

月	火	水	木	金	土	日
1	2	3	4	5	6	7
8	9 株を売却 →	10 →	11 決済	12	13	14
15	16	17	18	19	20	21
22	23	24	25	26 株を売却	27 土日は定休日	28
29 →	30 決済					

信用取引では株主が決済を行う

証券会社からお金や株を借りて行う信用取引では、自分で決済を行うことで、借りたお金や株を返す必要があります。

たとえば、「反対売買」では、買った銘柄を売る、売った銘柄を買うという方法で決済が行われます。また、「現引き」は証券会社に借りたお金を返して、株を譲り受けることができます。「現渡し」は、借りた株を証券会社に返すことです。

以前は4営業日に決済

2019年7月まで、決済は4営業日目に行われていましたが、欧米の市場に合わせ、現在の3営業日目に決済されるシステムに移行されました

株主優待と配当はどうすれば取れる？

少量の保有でも配当や優待をもらえる場合がある

「配当」とは、株を購入した人（株主）に対し、その会社が得た利益を分配することです。年に1〜2回の頻度で送られることが一般的です。

また、株主にお金ではなく品物（その企業の製品や割引券、サービスなど）を送る場合は「株主優待（優待）」と呼ばれます。

株の保有数が多いほど多くの配当や優待をもらえます。なかには1株の保有であっても優待をもらえることもあります。少量の株の保有でも優待をもらえると、

株投資を続ける楽しみにもなるでしょう。

配当や優待の情報は、企業のホームページや、証券会社のホームページ内にある株主優待の検索ページなどで確認できます。

権利確定日に株を保有すると配当や優待を得られる

配当や優待を得るには、企業が指定する日までに株を保有する必要があります。その指定の日は「権利確定日」と呼ばれ、企業によって異なります。

たとえ株を購入していても、権利確定日より前に売却してしまえば配当や優待をもらえる権利を失ってし

権利確定日のしくみ

株を保有していると……

株を購入 → **権利付最終日**（この日までに約定すればOK） → **権利確定日**（この日までに株を保有していればOK）

権利確定日は年1回とは限らず、年に2回、4回の銘柄もある

企業が株主として株主名簿に登録するには、約定から2営業日の日数が必要です。配当や優待が欲しいなら、権利確定日ではなく、その2日前（権利付最終日）には約定しておきましょう

いますし、逆に権利確定日に株を保有していれば配当や優待をもらえる対象になります。

そのため、**権利確定日の前後は値動きが大きくなります**。配当、優待をもらいたい人が権利確定日前にその銘柄を購入するため株価が上昇しやすく、逆に配当や優待をもらえることが確定した後はもう手放しても大丈夫と考える人が多いため、権利確定日の翌日は株価が下がりやすくなります。そのため、権利確定日の翌日は「権利落ち日」と呼ばれます。

「権利落ち日」は目安

市場の環境などにもよりますが、予想に反して、権利落ち日でも株価が上がる銘柄もたくさんあります。やはり、株は「安いときに買う！」に尽きると思います

取引方法 11

好きな銘柄は長期的に保持するのが原則

多数ある銘柄から優良株を探す

東京証券取引所には、広く知られた企業から、普段の生活では目にする機会の少ない企業まで、約3700もの企業が上場しています。こうした膨大な数の企業から銘柄を選ぶのは難しいです。

一般的には、配当利回りが大きい銘柄が人気になる傾向が強いです。たとえば、たばこや医薬品、食品を取り扱うJT、通信サービス事業を行うソフトバンク、金融業のオリックスなどは、配当の大きい企業として有名です。

好きな銘柄は長期保有が原則

配当を目的とした銘柄の選び方も重要ですが、まずは「自分の好きな銘柄」を中心に選びましょう。たとえば、その企業の製品やサービスが好きでよく利用するから、という理由でも十分です。また、はじめはその企業について知らなくても、製品やサービスを試したり、株主総会に顔を出して社長の人柄を知ることで、後からその企業に詳しくなるのもよいでしょう。

好きな企業の株を買うと、短期的な戦略に陥りづらくなる、というメリットがあります。

企業の動向を調べる方法

製品・サービスを使う

株主総会に出席したり、決算書を確認する

企業データがわかる本やサイトを読む

『会社四季報』（東洋経済新報社）	全上場企業を網羅した企業データブックの代表。証券会社によっては、株の口座を開設していれば無料で読むこともできる
『日経会社情報DIGITAL』（日本経済新聞社）	解説レポートや統計グラフだけでなく、気になる企業や業界をフォローする機能があるため、目的を絞って最新情報を入手することができる

技術が伴わないまま短期的な戦略に集中すると、株価のちょっとした上下で一喜一憂してしまう上に、狙える利益も小さくなります。

一方で好きな企業があれば、少し値上がりしただけでは売ったり、値下がりして、あわてて損切りすることはありません。

また、好きな企業だと、株価に影響するようなニュースといった「材料」にも気づきやすくなります。新商品を販売開始したから株価が上がりそうだ、といった情報を入手しやすいというわけです。企業を好きになると、こうした戦略を立てやすくなります。

ほれ込んだ銘柄

ある銘柄の株主総会にはじめて出席したとき、社長（現会長）にほれ込み、総会中に1000株まで成行買いしました。今では買値の3倍近くになっています

決算書　企業の営業成績を四半期ごとにまとめた書類。「貸借対照表」「損益計算書」「キャッシュフロー」の3種類の書類で構成されている

12 ミニ株で少額の銘柄を購入する

1株単位からでも購入できる銘柄がある

「ミニ株」という、証券会社ごとで提供された株の種類があります。これは、単元未満で購入できる株のことです。証券会社によって「単元未満株」「ワン株」「S株」などといった名称でも呼ばれています。

このミニ株の魅力は、単元未満の株を購入できることから、比較的少ない資金で株の取引を始められる点にあります。**5、6株購入しても資金は数千円ですむのです**。これにより、数種類の銘柄に分散して投資することも可能です。

株の保有数が少なくても、企業の株を購入した立派な株主であるため、持ち株数に応じて配当や優待を受け取れます。なかには、企業の決算書が送られる銘柄もあります。ただし、株主による投票は単元株を持った株主ができるものであり、ミニ株しか持たない株主は行えません。また、ミニ株では成行注文しか行えません。

毎月積み立てて株を購入する方法もある

毎月一定の金額で株を購入していく方法があります。これは「株式累積投資」、あるいは「るいとう」

ミニ株のメリット

少額からでも売買可能

単元株(10株分)　ミニ株

1株　1株

5、6株購入してもたった数千円で購入できることもあるため、資金があまりない初心者でも取引しやすい

幅広い銘柄に分散できる

A株  B株  C株 

資金の投入を1つの銘柄に絞る必要がなく、多くの銘柄を購入でき、リスクを分散させやすい

ミニ株はSBI証券やマネックス証券、野村証券で購入できます

と呼ばれています。

毎月同じ金額で株を購入すると、株価が高いときは少量だけを買い、株価が安いときは多く購入できます。それを続けることによって、1株あたりの平均単価が下がっていくため、お得な購入方法なのです。これは「ドル・コスト平均法」と呼ばれる、古くからある投資のテクニックです。

積み立てる金額は、毎月1万円から、1000円単位で決められます。

ミニ株や積み立てという方法で、無理のない範囲で株の取引を始めてみましょう。

ミニ株で楽しく学ぶ

ミニ株は、株取引のハードルがぐんと下がるので初心者にオススメです。配当や優待をもらいながら、株取引のコツや作戦を学んでいきましょう

COLUMN3

配当利回りの大きいオススメの優良銘柄

配当利回りはお得に配当金をもらう指標

優良銘柄の基準は、企業の営業成績がよいこと、優待などが充実していることなどもありますが、一般的には配当利回りが大きいことが優良銘柄のひとつの基準として考えられています。

たとえば、株価が１万円で、配当金が年100円だった場合は、配当利回りは１％です。利回りが５％を超えるとかなり好条件だといえるでしょう。

たとえば、三井住友ＦＧ（証券コード8316）は、2020年8月21日時点で、配当利回りが6.30％もあります。

８月21日時点の株価が3008円です。ここから１株あたりの配当金を計算すると、108円です。もしもこの銘柄の株を100株持っていると、もらえる配当金は１万800円ということです。

株価が安く、配当金が高い銘柄ほど配当利回りが高くなります。安くで配当金を得られる権利を買える、ということです。

配当金が株のすべてではありませんが、権利確定日が近くなれば、配当利回りの大きい銘柄を見てみるのもいいかもしれません。

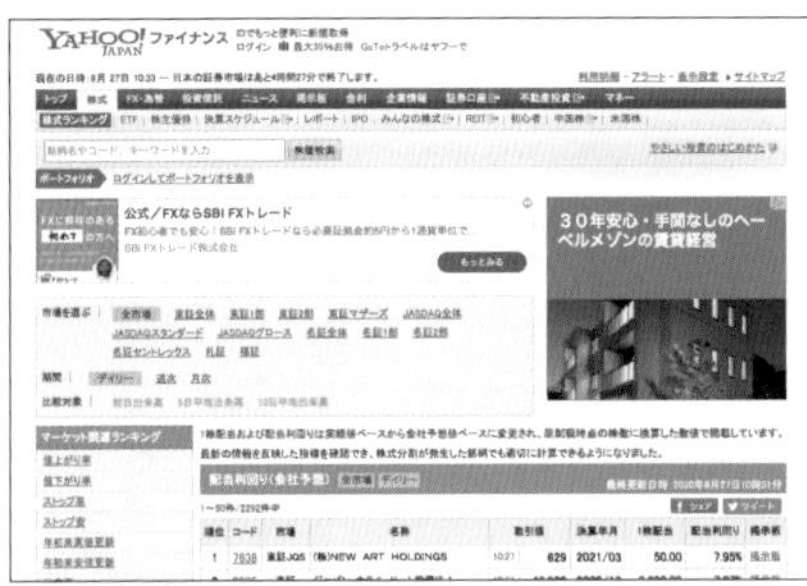

配当利回りが高い銘柄一覧。配当利回りは株価によって左右され、各企業が配当利回りの会社予想を発表している。インターネット上では、そうした会社予想を元に、配当利回りの高い銘柄が紹介されることが多い。

出所：Yahoo!ファイナンス

4章

株価チャートを読み解く
基本編

株価チャートの分析は、株投資をする上で必要不可欠です。まずは、株価チャートを読み解くための基本的な知識を解説します。

チャート基本 01

投資判断に必要不可欠 チャートは何を表している？

チャートの確認方法

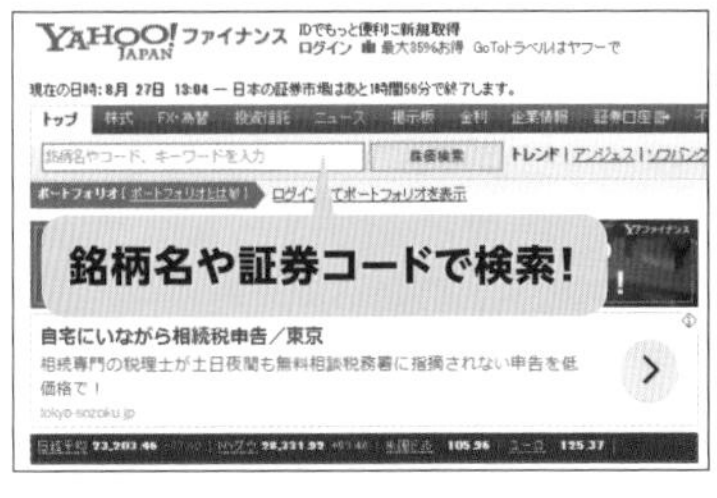

証券会社のホームページや、株の情報が掲載されたデータベースサイトで、調べたい株を検索し、銘柄の詳細ページに移動する

東証1部 NYSE(2.76ドル)
8411 銀行業
(株)みずほフィナンシャルグループ
詳細情報 チャート 時系列 ニュース 企業情報 掲示板
前日終値 144.7 (08/26)
「チャート」をクリック

「チャート」をクリックすると、チャートが表示される

出所：Yahoo!ファイナンス

過去から現在まで株価の流れが一目でわかる

チャートは、株価の動きを1日、1週間、1カ月といった期間ごとにグラフ化し、見やすくしたものです。**チャートを見ることで、「1日単位で見ると下落しているが、月単位で見ると上昇している」といった株価のさまざまな状態を知ることができます。**

チャートは、横軸が時間を、縦軸が株価を表しています。チャートのなかでは一定期間の値動きを表す「ローソク足」（70ページ参照）が表示されていて、左から右へ見ていくとこれまでの株価の傾向を見ること

チャートのおもな要素

[みずほフィナンシャルグループ(8411)　日足　2020年3月〜2020年8月]

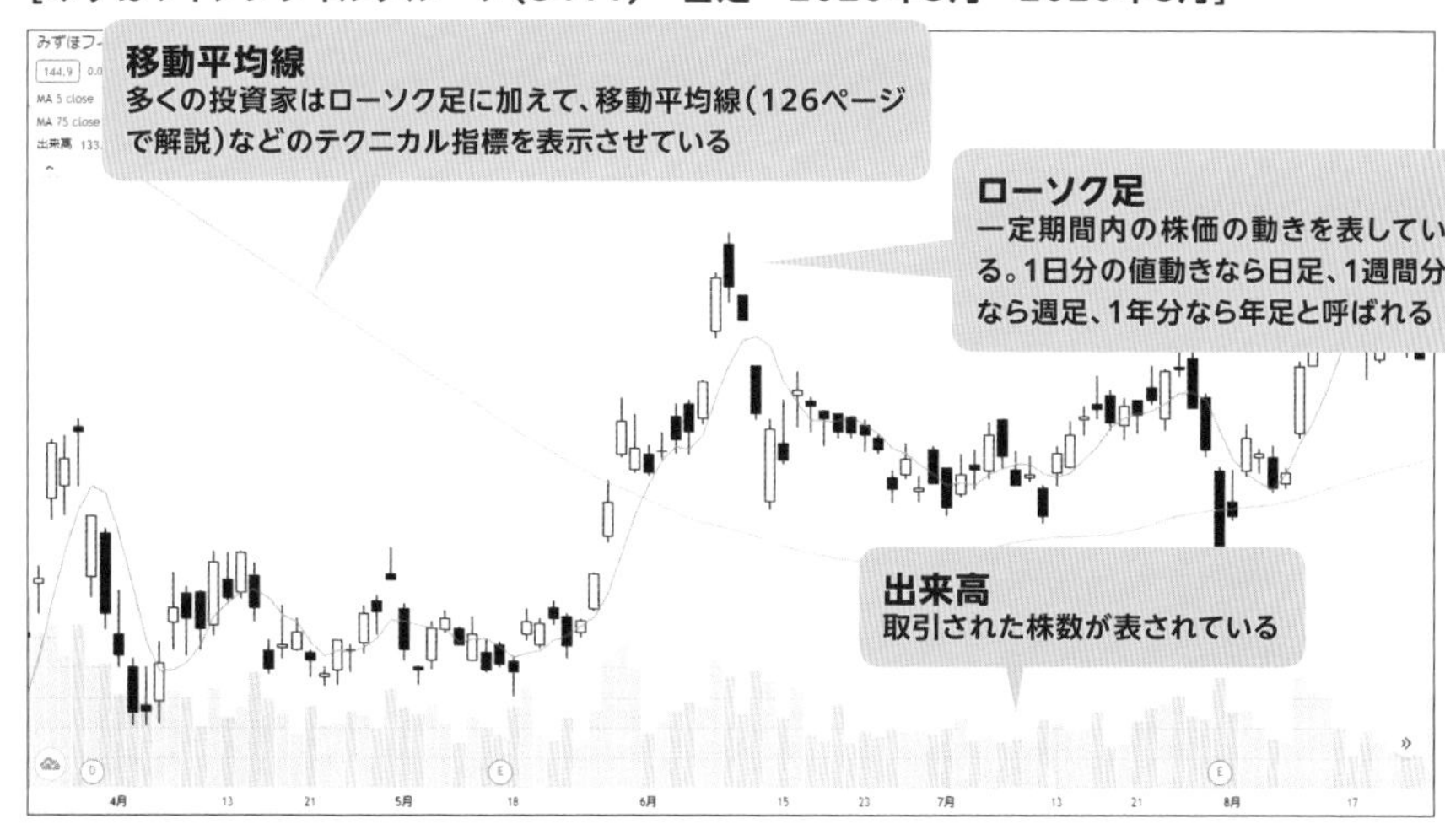

移動平均線
多くの投資家はローソク足に加えて、移動平均線(126ページで解説)などのテクニカル指標を表示させている
ローソク足
一定期間内の株価の動きを表している。1日分の値動きなら日足、1週間分なら週足、1年分なら年足と呼ばれる
出来高
取引された株数が表されている
4月
13
21
5月
18
6月
15
23
7月
13
21
8月
17

ができます。また、チャートの下部には売買がどれだけ成立したかを表す「出来高」が表示されます。出来高は人気を表すバロメーターとも言え、多ければ、それだけ盛んに売買されているということです。

さまざまな期間を軸（時間軸）に設定できるため、1日の値動きで取引する場合から、長期的な取引をする場合に役に立ちます。

ただ、現在の株価の数字だけを見ても、それが安いのか、高いのかということを判断することはできませんが、過去から現在までのチャートを見ることで、将来の株価の見通しが立てやすくなります。

チャートは3種類見る

銘柄を調べるときは、必ず6カ月チャート、2年チャート、10年チャートの3つは見て、現在の株価が高いか安いかという、株価の位置を確認します

テクニカル指標　テクニカル分析に使われる指標のこと。テクニカル分析には、トレンド分析、ローソク足分析などがある。5章以降参照

チャート基本 02

チャートを読んで今後の株価の値動きを予測

歴史は繰り返す 過去を検証して未来を予測

66ページでも述べた通り、チャートを見ることで将来の株価の見通しが立てやすくなります。

株価は常に変動しており、ランダムな動きをしているように見えますが、一定期間を区切って見ると、大きな流れを形成していることに気づきます。これを「トレンド」といいます（80ページ参照）。たとえば、一度株価が上がると、しばらく上昇し続けることがあります。反対に、一度株価が下がると、しばらく下落し続けることがあります。こうした一連の流れがトレンドなのです。

当然ですが、株価は常に変動しているため、それによりトレンドが変わります。株で儲けるためには、このトレンドという大きな波に乗ることがとても重要です。いわば、**株取引とはこの大きな波を見つける作業だといってもいいでしょう**。1日1回の株価の動きに一喜一憂していても大きな利益は見込めませんし、それで稼ごうとしたら、ずっとチャートを見ていなくてはなりません。

過去のチャートの動きを知っていると、次第に株価がどう動き、どのようにトレンドがつくられるか気づくことができます。

トレンドの種類

[みずほフィナンシャルグループ(8411)　週足　2014年4月～2016年10月]

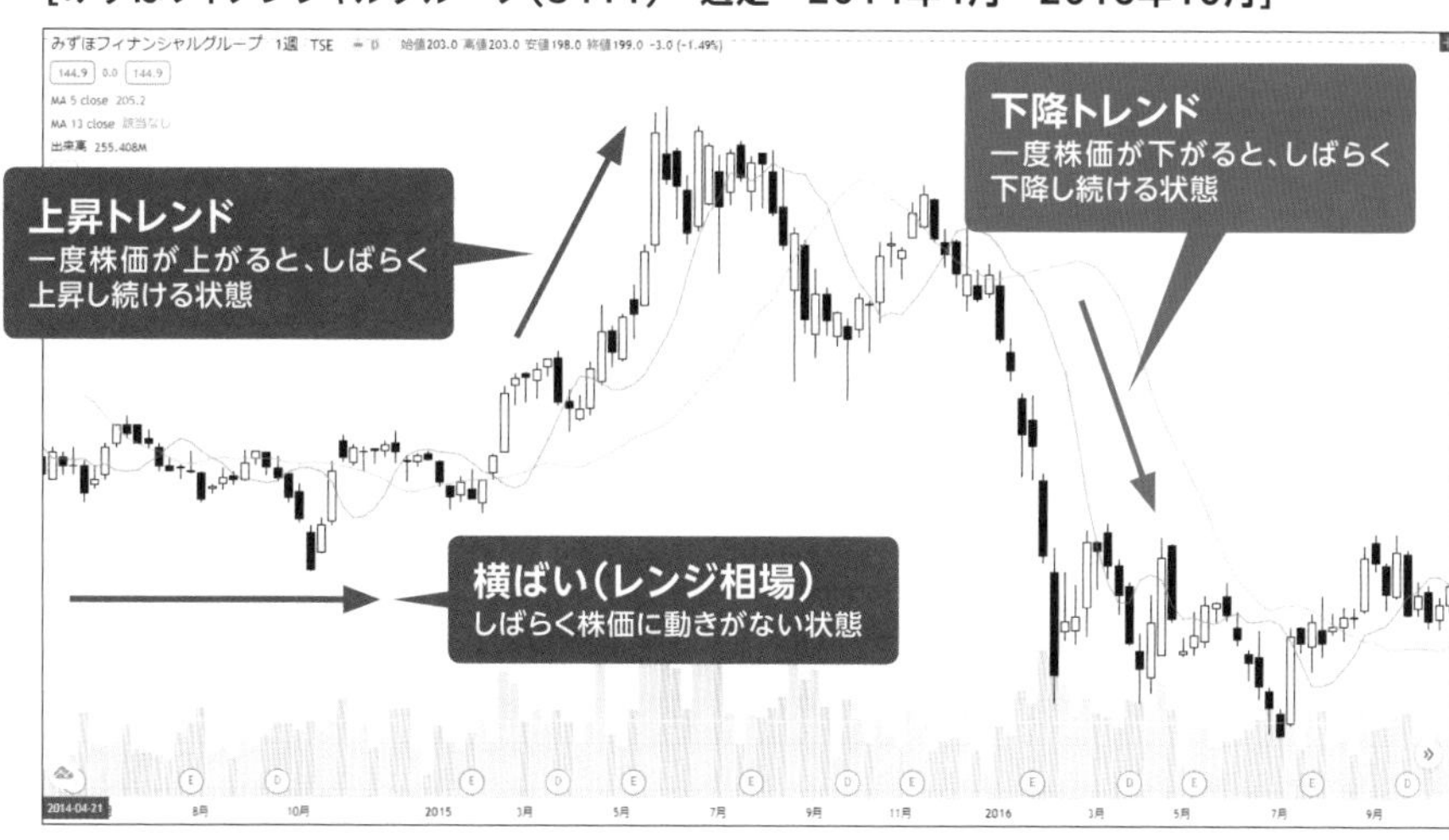
上昇トレンド
一度株価が上がると、しばらく上昇し続ける状態
下降トレンド
一度株価が下がると、しばらく下降し続ける状態
横ばい(レンジ相場)
しばらく株価に動きがない状態

株価の動きには投資家の心理が関連する

また、**株価の動きは、市場に参加するあらゆる投資家の心理を表しています**。過去に付けた高値や安値に近づくと、以前の高値や安値を覚えているかのような動きをする事がしばしば見られます。

チャートパターンは人間心理に基づいて動いているため、過去のチャートを読み込むことで、今後の株価を予想しやすくなるのです。

優待銘柄もクセを探す

優待銘柄であっても、チャートのクセを発見して利益を出すと、優待と利益で2度おいしいです。チャートと向き合ってクセを見つけてください

チャート基本 03

1本のローソク足から何が読み取れる？

始値・終値・高値・安値 四本値で構成されるローソク足

一定期間の株価の値動きを一目で見ることができるのがローソク足です。

ローソク足は、1日や1週間、1カ月などの期間を定め、その期間の開始時に付いた値段である「始値」、期間中で最も高い値段である「高値」、最も安い値段である「安値」、最後に付いた値段である「終値」の4種類の値段（四本値）で構成されます。

四本値は、始値と終値でつくられたボックス「実体」と、実体から上下に引かれた線「ヒゲ」で描画されます。

終値が始値を上回るローソク足を陽線といい、逆に下回るローソク足を陰線といいます。ローソク足で表す際、一般的に陽線は白色で表示され、反対に陰線は黒色で示されることが多いです。

白いボックスである陽線が並んでいれば、株価は上り調子であり、黒いボックスである陰線が並んでいれば、下り調子であるとわかります。

短期から長期まで さまざまな時間軸のローソク足

ローソク足の1本1本は「足」と呼ばれることもあり、1日単位のローソク足を日足（ひあし）、1週間

ローソク足の見方

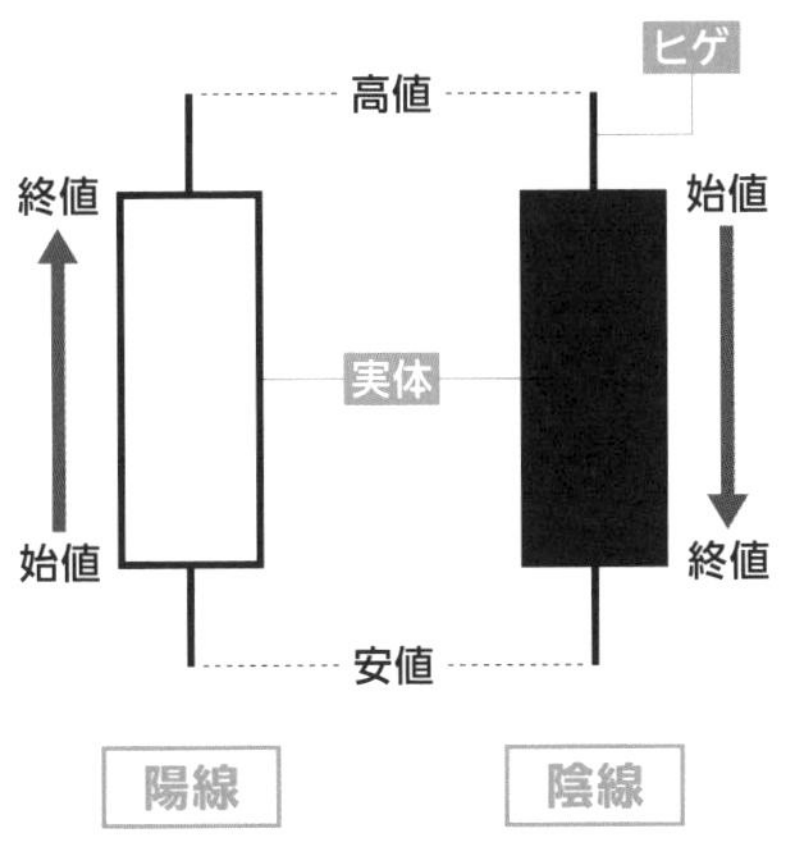

日足（1日分の値動きを表すローソク足）の場合

●**始値**（はじめね）
その日の取引始まった時点での株価

●**終値**（おわりね）
その日の取引が終わった時点での株価

●**高値**（たかね）
その日の株価のうち最も高い価格

●**安値**（やすね）
その日の株価のうち最も安い価格

単位のものを週足（しゅうあし）、1カ月単位のものを月足（つきあし）と呼びます。

チャートを見る際は、時間軸の異なるローソク足を組み合わせて見比べるのが分析の基本となります。詳しくは76ページで紹介します。

ローソク足のパターンは数多くあり、はじめからそれらをすべて覚えるのはかなり大変です。

代表的な分析の方法を、無理のない範囲で少しずつ覚えていくとよいでしょう。

ローソク足が表す傾向

簡単な覚え方としては、陽線が長いほど、株価は上昇したいという気持ちが強く、陰線が長いほど、投資家たちは売りたい気持ちが強いということです

04 安く買い高く売るをチャートで実践する

最初はチャートによる分析から覚える

株の売買は、購入したときの値段と売却時の値段の差（値上がり益）が儲けになります。そのため、安いときに買って高いときに売るのが、儲けを得るための株の原則です。

とはいえ、明日株価が上がるのか、下がるのかわかれば苦労しません。株の買いどきや売りどきを知るためには、チャートを読み、株価の動向を見ながら判断する方法や、企業の業績や株価の水準をもとに判断する方法があります。

チャートを見ながら判断する方法は、視覚からの情報で分かりやすいため、**初心者はチャートの見方から覚えていきましょう**。

トレンドの転換点になるローソク足の特徴

チャートのなかで、株価の上昇、下落のサインを見逃さないようにするためには、**ローソク足に注目して取引をしましょう**。

たとえば、株価が大幅に下落しているときに、下ヒゲの長いローソク足が出たとしましょう。これは、投資家が「下げ止まった」と判断して買い始めているサ

トレンドのサインの例

上昇トレンドのサイン

下に長くヒゲが伸びている

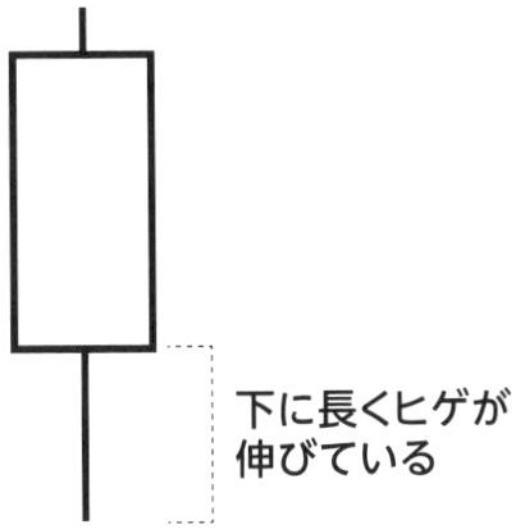

株価が暴落しているときに長い下向きのヒゲがでると、投資家は「これ以上下がらない」と判断して株を買い始めることから、上昇トレンドのサインといわれる

下降トレンドのサイン

上に長くヒゲが伸びている

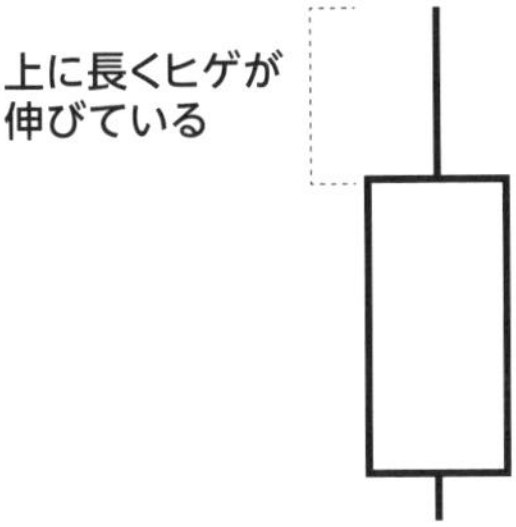

株価が上昇しているときに長い上向きのヒゲがでると、投資家は「これ以上上がらない」と判断して株を売り始めることから、下降トレンドのサインといわれる

インであるため、その後、上昇する可能性が高い、といった具合です。

下ヒゲが長いということは、その期間中に、〝とても〟安い値段がついたが、それでもその期間中の最後は〝そこそこ〟安い値段で落ち着いた、ということです。つまり、多くの人が売っていたが、そうしたなか売るのを見合わせるようになったわけで、つまり「下げ止まった」状態です。

このようなサインが出たときは、「買い」のサインであるといえます。

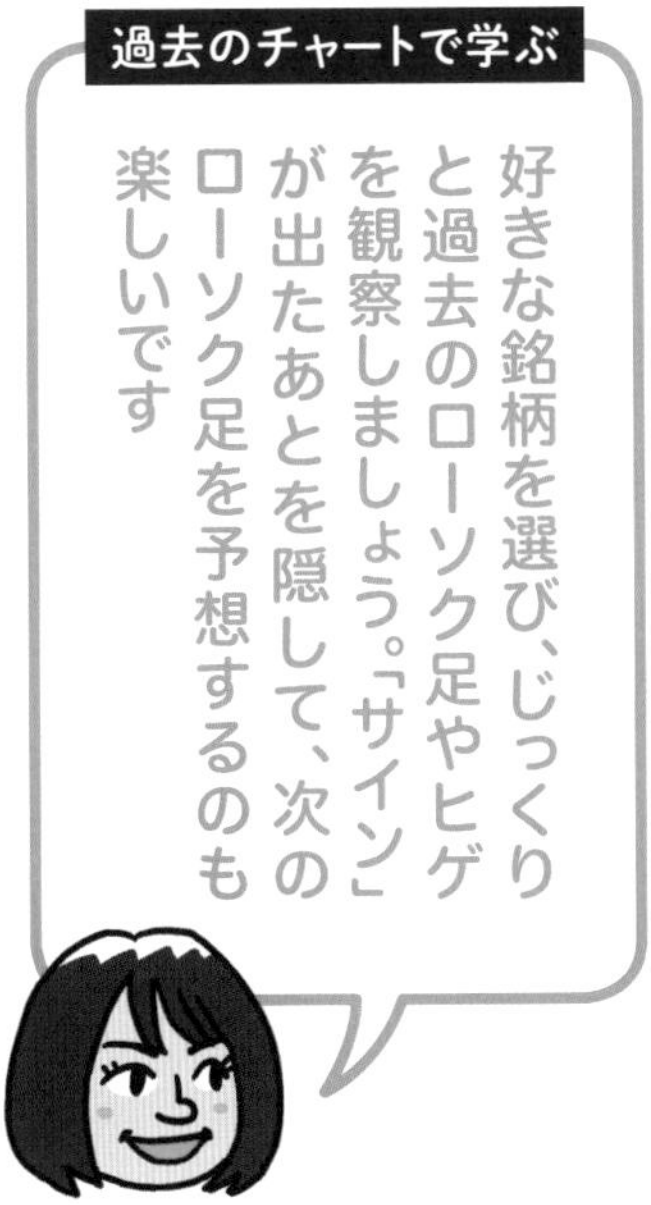

過去のチャートで学ぶ

好きな銘柄を選び、じっくりと過去のローソク足やヒゲを観察しましょう。「サイン」が出たあとを隠して、次のローソク足を予想するのも楽しいです

ヒゲから読み取るローソク足 売買のサインを見逃さない

特徴をつかんで実戦で役立てる

実体から上下に伸びる線をヒゲと呼びます（70ページ参照）。投資家たちは、実体やヒゲなどの特徴から、ローソク足を読み解きます。

ヒゲが特徴的なローソク足のひとつに、「ピンバー」があります。ピンバーとは、ヒゲが長く伸びて実体の部分が極端に短いローソク足のことで、分足などの短いチャートでよく見られます。

長く伸びたヒゲは、取引時間中に株価を伸ばしたものの、その後の値動きで大きく株価が戻ったことを示しています。**ピンバーが何度も発生するときは、もうこれ以上は株価が下がらないと多くの投資家が思っているとき**で、抵抗線（82ページ参照）があるケースが多いです。

ヒゲが出ないローソク足のパターン

もうひとつ注目したいローソク足は、「大引け坊主」です。相場の前場と後場の最後の売買を「引け」といい、その日、最後の取引のことを「大引け」といいますが、この大引け側にヒゲがないローソク足の形を大引け坊主と呼びます。

抵抗線　チャート上の高値と高値を結んだ線のこと

特徴的なローソク足

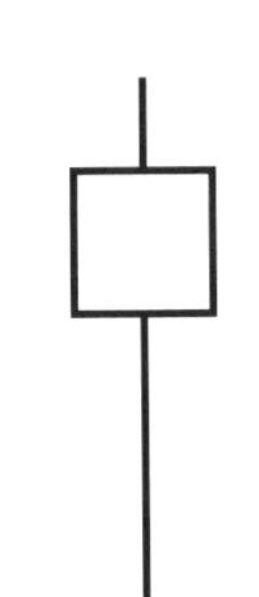

上向きのピンバー
下向きのヒゲが長いローソク足。途中で大幅に値下がりしたが、最終的には株価が戻ったことを示す。買いのサインといわれる

下向きのピンバー
上向きのヒゲが長いローソク足。途中で大幅に値上がりしたが、最終的には株価が戻ったことを示す。売りのサインといわれる

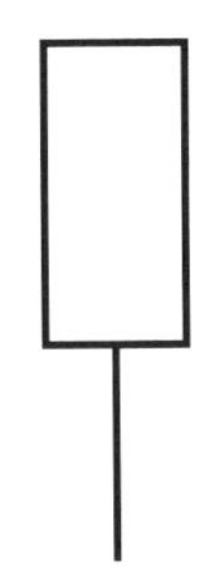

陽の大引け坊主
終値(陽線では上)にヒゲがないローソク足。一時は安値を下回ったが、後に大幅に上昇したことを示す。買いのサイン

陰の大引け坊主
終値(陰線では下)にヒゲがないローソク足。一時は株価が上昇したが、後に下落したことを示す。売りのサイン

陰線の上にヒゲがのびている状態を、「陰の大引け坊主」といいます。陰の大引け坊主が出ているときは、売りたいと思っている人が多い状態です。そのため、「株価がもう少し上がるかも」と思って購入しても、その後、株価は下がっていく一方になってしまいます。**この線がでたときは、株価の天井を表すサインだと思ってください**。

反対に、陽線に短い下ヒゲがついたものを、「陽の大引け坊主」といいます。陽の大引け坊主は、市場での買いの人気が高いことを示しているため、翌日以降も上昇相場が続く可能性があります。

ピンバーの信憑性

チャートを全体的に見たとき、ピンバーの示すサイン通りに株価が動くことが多かったので、ひとつひとつのローソク足を見るよりも信憑性が高いと思いました

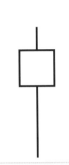

チャート基本06

日足・週足・月足 ベストな時間軸はどれ？

複数の時間軸を組み合わせて トレンドをしっかり見極める

70ページで述べたように、ローソク足はその時間軸の長さに応じて日足、週足、月足などがあります。また、1分足や5分足などの短いローソク足もあります。

分足（ふんあし）は直近の価格変動を伝えるチャートであり、週足や月足はもっと大きなトレンドの流れを読み取ります。なので、短期的な傾向は分足や時間足、日足のほうがわかりやすく、中長期的な方向性は週足や月足のほうがはっきりしやすいです。

いずれのローソク足に注目すべきかは、**自分がどのようなスパンで取引を行うのかによって異なります**。買ったその日に売って取引を完結させるデイトレードなら分足、数日間〜数週間の保有を前提としているスイングトレードであれば時間足、数カ月〜半年をメドとしているなら日足、もっと気長に取り組むなら週足がよいでしょう。

チャートは視野を狭めて 分析してはいけない

ただし、自分のスパンに合っている時間軸のローソク足さえ見ておけば十分な分析ができる、というわけではありません。デイトレードであれば分足だけでな

月足で見るチャートの例

[中外鉱業(7581)　月足　2008年~2020年]

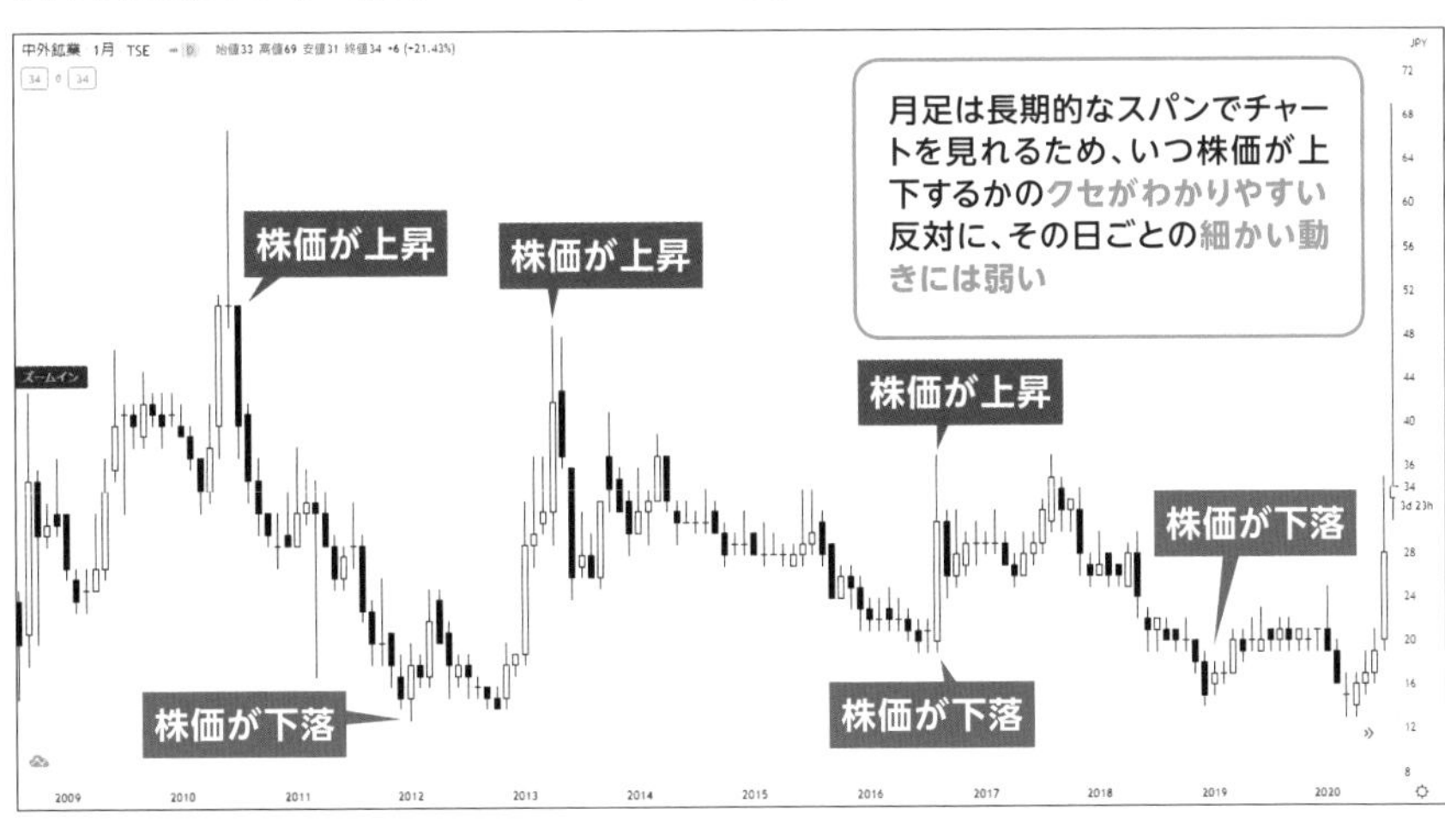

く時間足も、数週間単位のトレードであれば時間足とともに日足も見るなど、時間軸の異なるローソク足を組み合わせて見比べるのがチャート分析の基本になります。

日足だけを見ていれば「木を見て森を見ず」の状況、つまり狭い視野しか持たないことになりますし、週足だけを見ていると、今日この日にどう株価が動いているのかを知ることはできません。

大きな流れ（トレンド）をわかっていればもうすぐ上がるとわかるのに、思ったように株価が上がらず焦って売買してしまうということを防げます。

同じ銘柄でトレード

同じ銘柄でトレードすることで、銘柄のクセがわかり勝てるようになります。トレードするなら、中外鉱業のようにボラティリティの高い銘柄がおすすめです

ボラティリティ｜株価の値動きの幅のこと。パーセントで表わされる。この数値が高いほど値動きの幅が大きい

チャート基本07

株価はキリのよい数字で止まりやすい？

多くの投資家が節目で売買する

1万5000円や2万円などのキリのよい株価を「節目」といいます。普段みなさんも「今日は1万円以内で服を買おう」などと決めて買い物をするのではないでしょうか。少なくとも「今日は9850円以内の服を買おう」とは考えないはずです。それと同様に、**節目は多くのトレーダーに意識されるポイントで、ここを境目にして株価の上昇や下落の流れが止まることがよくあります。**

節目とは、テクニカル指標や価格の動きの中で、多くの投資家が意識するポイントです。

節目にはさまざまなものがありますが、どの節目にも共通しているのは、主に抵抗線（レジスタンスライン）・支持線（サポートライン）（82ページ参照）を通じて多くのトレーダーが意識する「トレンドの継続・転換」を見極めるポイントになるという特徴です。

なぜ節目がそのように使われているのかというと、株式を購入するのは大多数が生身の人間であり、株の売買には人間の深層心理が価格に大きく影響しているからです。チャートのなかには、「ここのラインよりも株価が上がらないから、ここまできたら決済しよう」「ここを越えたら、勢いが強まるからエントリーしよ

節目で値動きが止まる例

[バンク・オブ・イノベーション　日足　2018年11月～2019年8月]

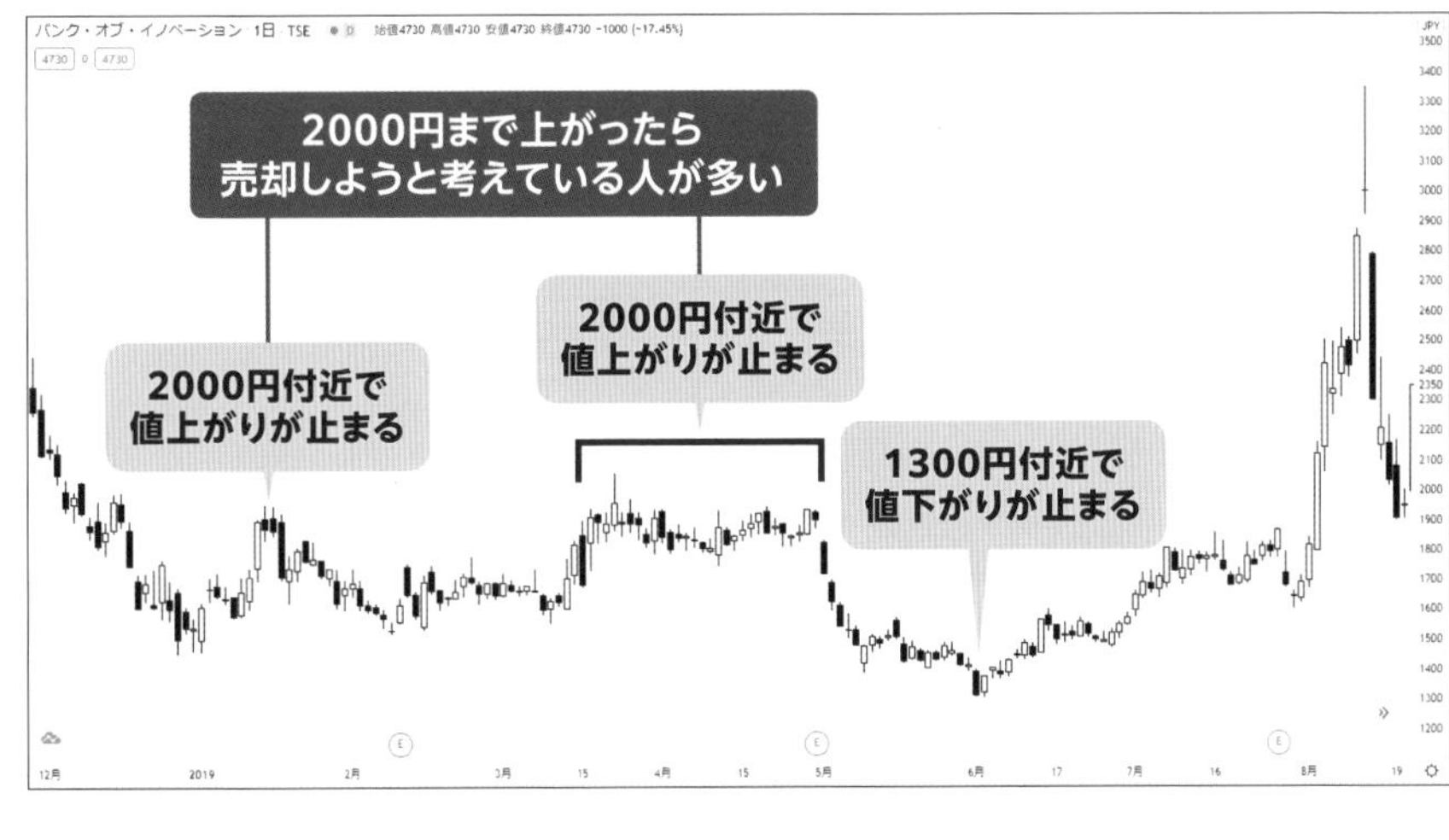
2000円まで上がったら
売却しようと考えている人が多い
2000円付近で
値上がりが止まる
2000円付近で
値上がりが止まる
1300円付近で
値下がりが止まる

う」といった、多くの投資家が気にするポイントである節目が存在します。

より多くの投資家が共通して意識すればするほど、そのポイントで買ったり売ったりされることになります。その結果、必然的にその場所で価格が反発したり、価格が伸びたりするため、チャートに影響を及ぼしやすくなるのです。

このように節目は「多くの投資家が意識する共通のポイント」だといえるのです。

暴落時の底は……

コロナショックでは日経平均2万1500円を損切りラインにしましたが、実際はそれを大きく下回ったため、下げ止まりの節目がどこかずっと考えていました

チャート分析の基本 3つのトレンド

売買を判断するにはトレンドの把握が必要

68ページで紹介したとおり、株価は常に変動しており、その動きを一定期間で区切って見ると、大きな流れを形成しています。その大きな流れのことを「トレンド」といいます。

トレンドがわかると、**その銘柄の株価が上向きに動いているのか、下向きに動いているのか、あるいは横ばいに推移しているのかがわかります**。このトレンドに上手く乗っかることで、よい成果を出すことができるでしょう。

株価のおおまかな動きによって、3種類に分けられます。ひとつは、一定期間右肩上がりに株価が上がっていく「上昇トレンド」です。株価はこのまま上がっていく傾向にあるため、株を購入する絶好の機会です。上昇トレンド中も多少の下落はみられますが、一定のライン（支持線）までは株価が落ちづらくなっています。そのラインを下回らなければ、今後も上昇トレンドが続く可能性が高いでしょう。

反対に、一定期間右肩下がりに株価が下がっているのは「下降トレンド」です。今後も下落が続く恐れがあるので、取引は慎重に行ったほうがよいでしょう。

3つ目は、株価の上下が少なく、水平線のように動

株価チャートの3つのパターン

下降トレンド

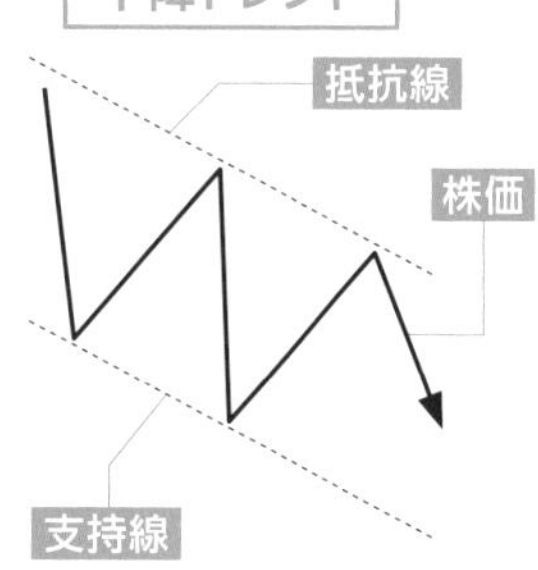

株価が一定期間下落している状態。長期的に見て持ち直しそうな銘柄であれば下降トレンド中に買うのもひとつの策

横ばい（レンジ相場）

株価が一定の範囲に収まっている状態。株価の上昇や下落につながる情報がないときに起きやすい

上昇トレンド

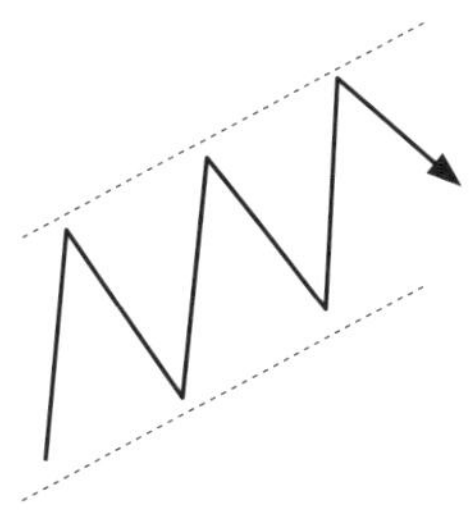

株価が一定期間上昇している状態。上昇トレンドが始まる前に株を買っていれば利益がでやすい

いている「横ばい（レンジ相場）」です。今後どうなるかの判断がしづらく、株価が上昇も下落もしない状態です。

このように、トレンドに注目することで、「今後も下がりつづけるかもしれない」「もう少しで下落から上昇へ転じるだろう」などと、ある程度の予測をすることが可能になります。また、チャートを過去までさかのぼると、似たトレンドが連続して起こることもあります。こうしたトレンドのクセを見抜くと今後の判断材料になるため、気になる銘柄があれば過去のチャートのトレンドを分析してみましょう。

ニュースとトレンド

ニュースもトレンドの判断材料です。コロナショック中、居酒屋の休業宣言を聞き、その会社の銘柄をすぐに買うと、その次の日には株価が急上昇していました

チャート基本 09

トレンドを見抜くカギ支持線と抵抗線

抵抗線・支持線とは？

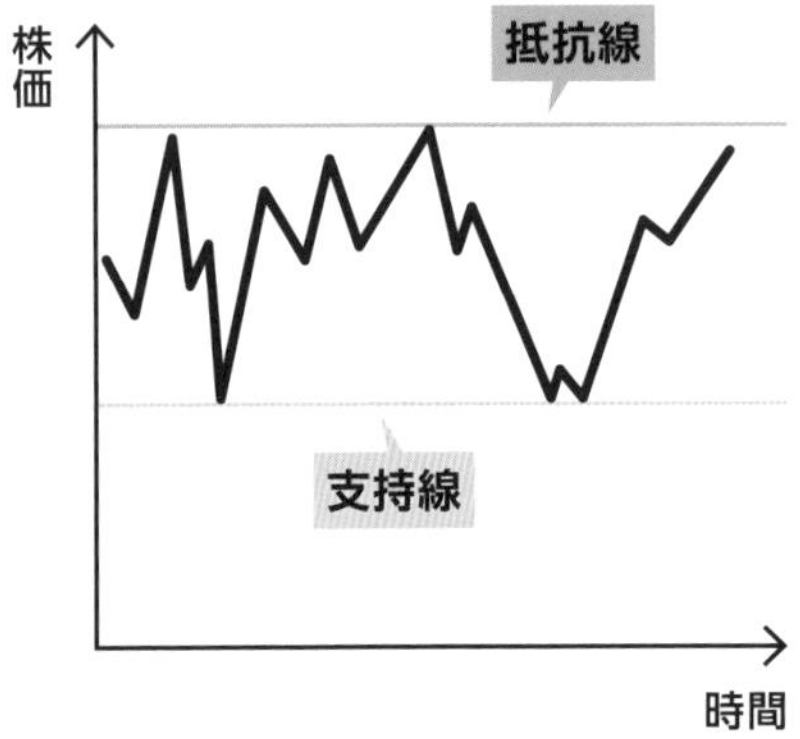

株価は支持線と抵抗線を越えづらい

支持線と抵抗線 2つの線を見つける

チャートを見ると、〝何となく〟株価の上下幅が一定になっていることがあります。株価の値動きは、株取引をする人たちの〝心理状態の総意〟を表しているため、何もないのに突飛な動きをしたりすることはなく、株価が一定の範囲内に収まりやすいのです。

こうした上下幅を見極める際にキーワードとなるのが「支持線」「抵抗線」です。

チャートを見たとき、いくつか山や谷ができています。そのうち、谷だけを線で結ぶと、1本の直線が浮

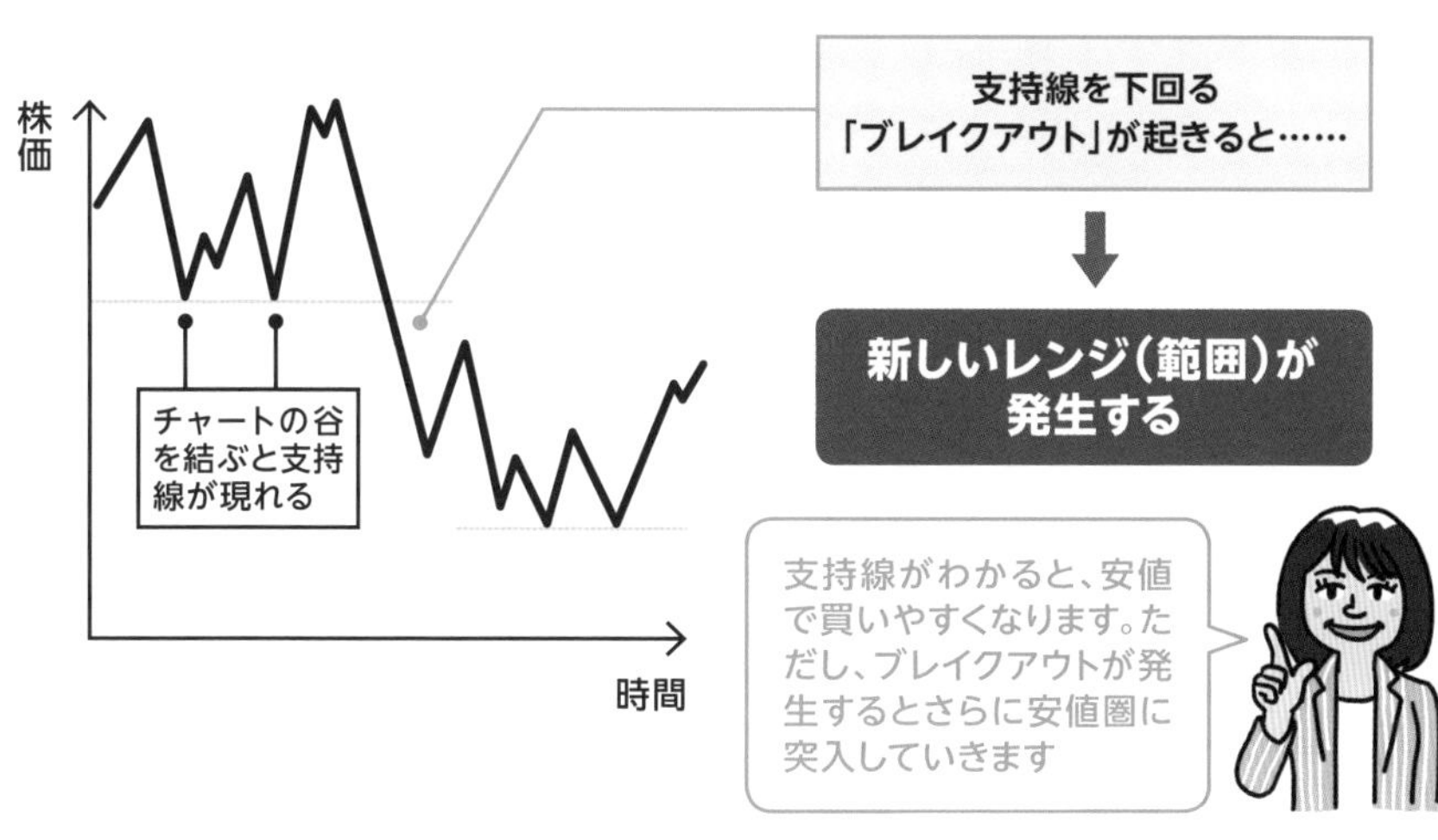
支持線の引き方とブレイクアウト
株価
時間
チャートの谷を結ぶと支持線が現れる
支持線を下回る「ブレイクアウト」が起きると……
新しいレンジ（範囲）が発生する
支持線がわかると、安値で買いやすくなります。ただし、ブレイクアウトが発生するとさらに安値圏に突入していきます

かび上がります。これは、「支持線」や「下値支持線」、「サポートライン」と呼ばれます。グラフの谷を下から支えている、と考えると覚えやすいでしょう。

株価は支持線よりも下がりづらいということは、**支持線付近まで値下がりしたタイミングは、株を買うのにうってつけといえます**。しかし、ほかのトレーダーも同様のことを考えるため、その株が多く購入されてゆき、すぐに値上がりがしやすくなります。

「株価が投資家たちの心理を表している」というのは、今述べたようなことを指しているわけです。

次に、グラフ上にあるいくつかの山を線で結ぶと、1本の直線が現れます。これは、このラインよりも株価が上がりづらいことから、株価の上昇に抵抗している線として、「抵抗線」や「上値抵抗線」、「レジスタンスライン」と呼ばれます。

支持線とは反対に、**抵抗線は売りのサインといわれます**。株価は抵抗線を越えづらい傾向があるので、そのタイミングで株を売れば、その時期の前後で見ると、一番高い価額で売ることができるというわけです。し

抵抗線の引き方とブレイクアウト

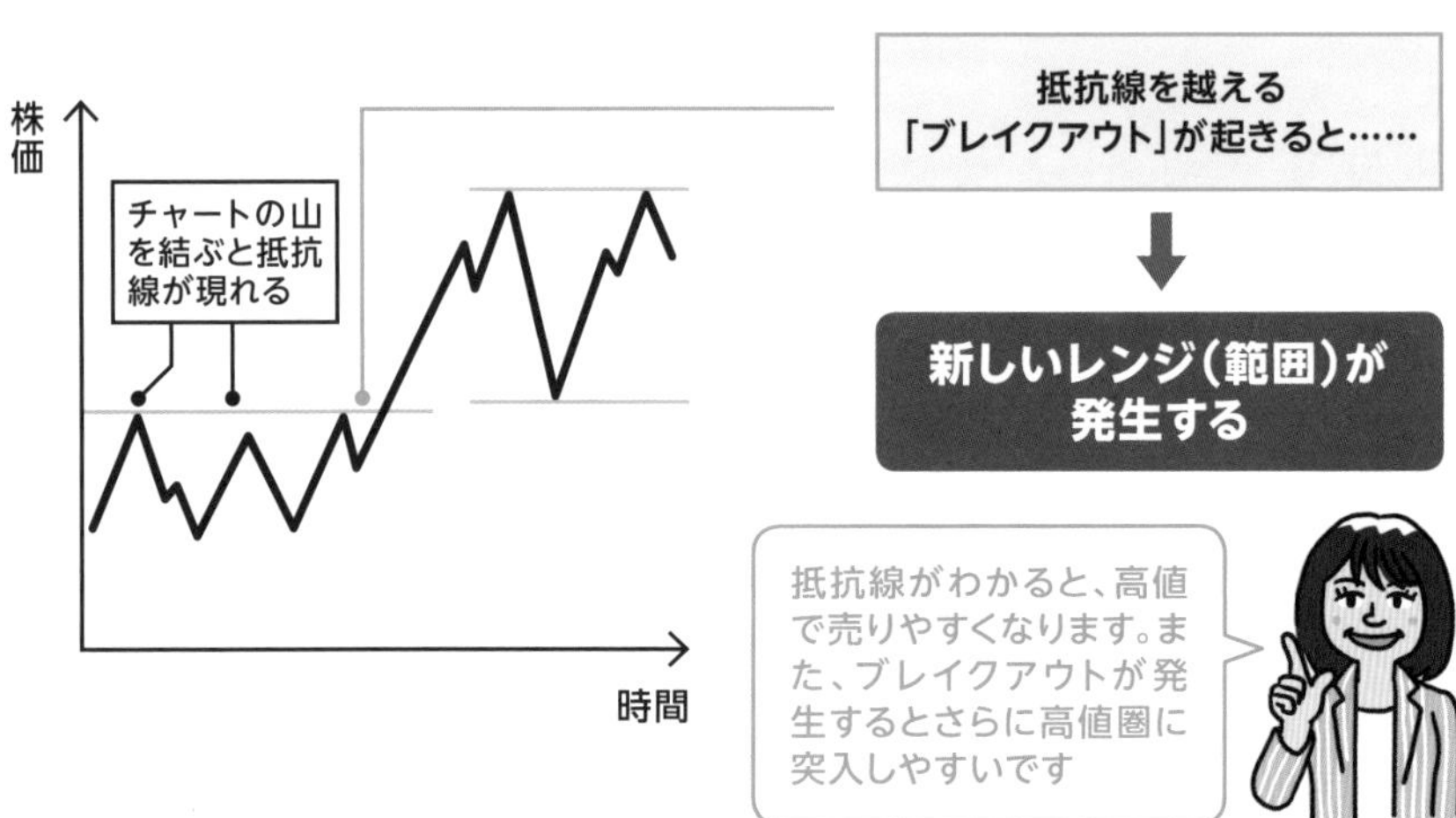
株価
チャートの山を結ぶと抵抗線が現れる
時間
抵抗線を越える「ブレイクアウト」が起きると……
新しいレンジ（範囲）が発生する
抵抗線がわかると、高値で売りやすくなります。また、ブレイクアウトが発生するとさらに高値圏に突入しやすいです

かし、支持線と同様にここでも投資家たちの心理が動きます。ほかの投資家も同様に、「今売れば得する」と考えているため、株価が抵抗線まで届くと株が多く売りに出され、すぐに値下がりがしやすくなります。

支持線や抵抗線は、右肩上がりや右肩下がりに、横一直線になる場合があります。横一直線の場合、「一定の範囲に収まったまま変動がない」という意味でレンジ相場と呼ばれます。この状態は、横ばい、もみ合いともいいます。

こうした横ばいの状態は、株価に影響する情報が乏しかったり、景気に波がなかったりする閑散期に起こりやすいです。

「ダマシ」が起こることも多々ある

支持線や抵抗線は絶対的なラインではなく、いつかはそれらの線が突き破られます。

株価が支持線を下回ると、下降トレンドに入るか、安値圏でふたたびレンジ相場が発生しやすいです。ま

「ダマシ」と呼ばれる偽のブレイクアウト

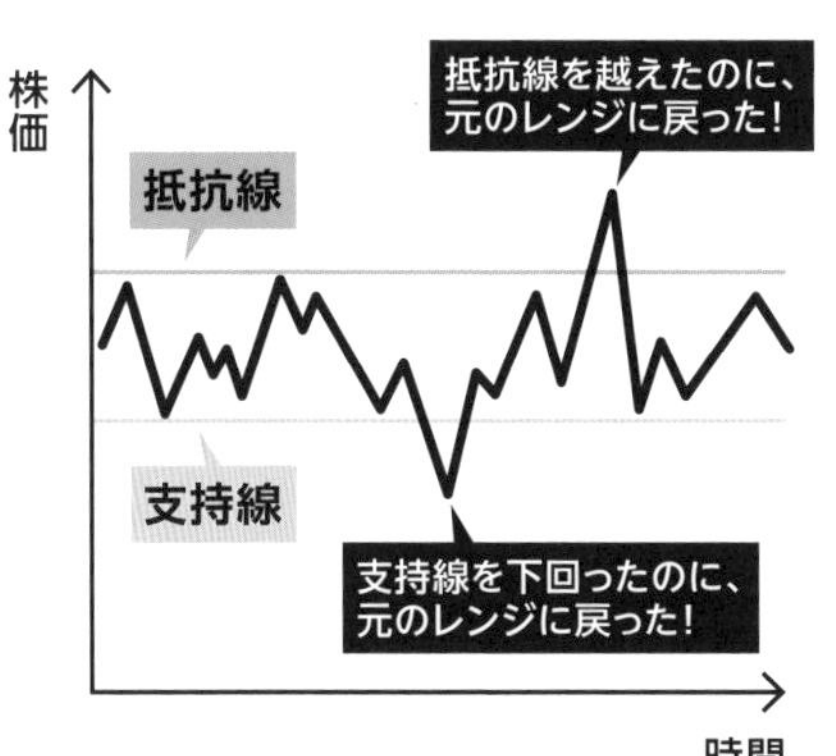
株価
抵抗線を越えたのに、元のレンジに戻った！
抵抗線
支持線
支持線を下回ったのに、元のレンジに戻った！
時間

ブレイクアウト（支持線や抵抗線を越えること）が起きたのに、株価が元のレンジに戻ってしまうことがある。これを「ダマシ」を呼ぶ

ダマシは頻繁に起こります！　あわててすぐに売らないようにしましょう

た、株価が抵抗線を越えると、上昇トレンドに入るか、高値圏でふたたびレンジ相場が発生しやすいです。

このように、株価が支持線や抵抗線を越えることを「ブレイクアウト」といいます。

ただし、ブレイクアウトで必ず新しいトレンドや新しいレンジ相場に移行せず、すぐに元のレンジ内に戻ってしまうと呼ばれる現象も発生します。この現象は「ダマシ」と呼ばれています。ダマシによって作戦が思い通りに進まないこともあります。こうした場合でも、焦らずに長期的な視点をもって対処しましょう。

損切りは支持線で

79ページで話した損切りのラインは、そのときの支持線を参考にしました。実際に株価が支持線を割ったので損切りしましたが、ダマシではなくてよかったです

上昇トレンドの始まりと終わりを予測する

上昇トレンドにおける買いのサインと売りのサイン

上昇トレンド、下降トレンド、レンジ相場の3つを把握できれば、作戦を立てやすくなります。

たとえば、上昇トレンドのサインを見つけたら、それは株を買うタイミングだといえます。

株価が上がったということは、その銘柄が欲しいという人が増えているという意味なので、株価が上がり切ってしまう前に株を買い、上昇トレンドが終わるころに売ることができれば、それが理想です。

では、どのように上昇トレンドの始まりと終わりを予測するのでしょうか。

たとえば、左ページの図で示した　チャートでは、赤い丸で囲われた箇所が買いのサインです。**このブレイクアウトを機に、レンジ相場から上昇トレンドに転向しています。**

上昇トレンドに入り、どんどんと株価が上がっていっても、いつかはトレンドが終了します。トレンドが終わるころに売却するのが狙いなので、いつ上昇トレンドが終わるかのサインを見つけたいですね。

たとえば、支持線や抵抗線だけでなく、出来高（92ページ参照）もトレンド分析の参考になります。出来高は、チャートの下に表示される棒グラフで表わされ

上昇トレンドの形成

［三菱UFJフィナンシャル・グループ（8306）　日足　2012年8月～2013年4月］

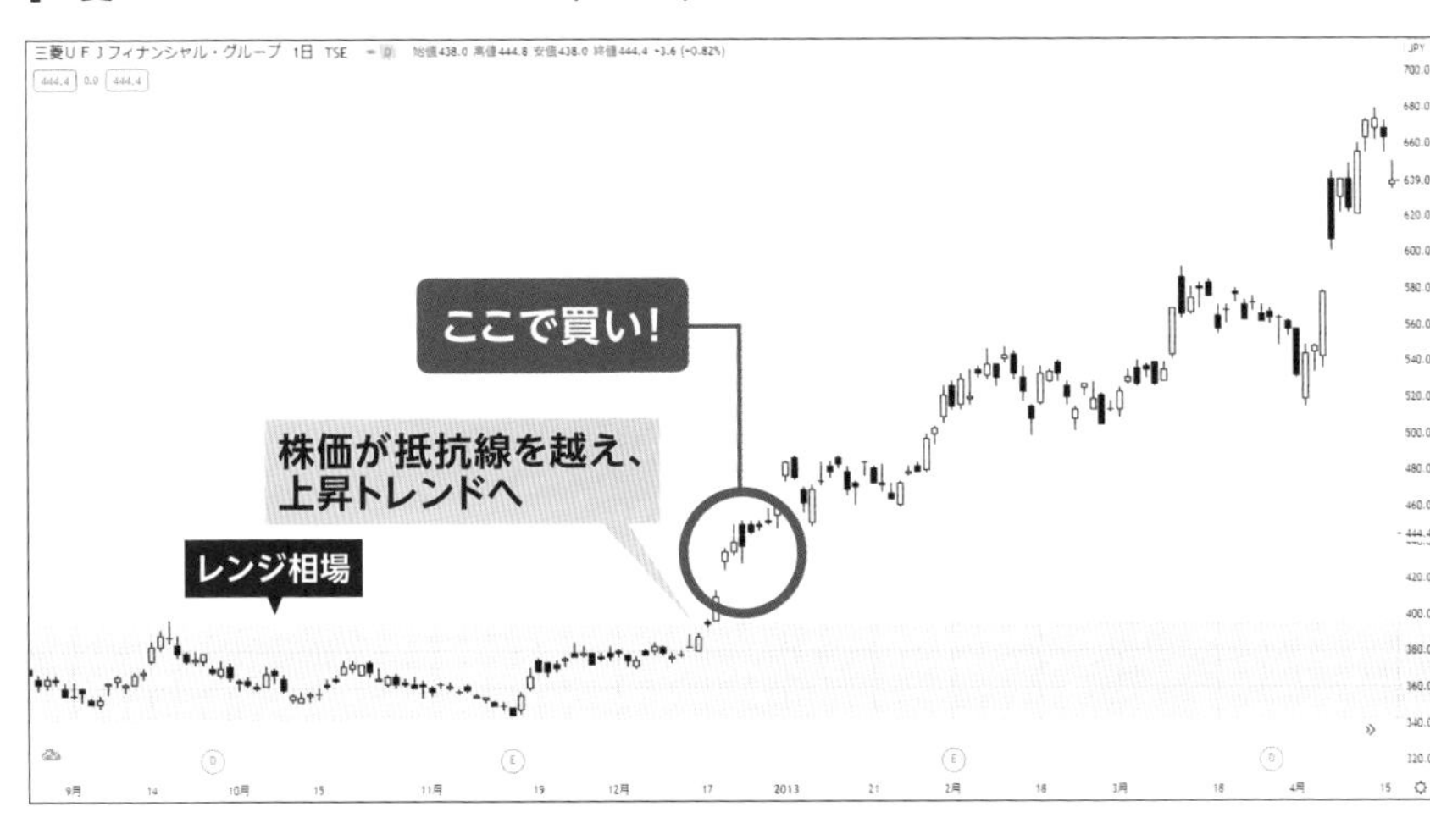

ます。株価と出来高がともに上昇していれば上昇トレンドは続きますが、出来高の上昇が止まれば、上昇トレンドが終わるサインです。

すべてのトレンドに反応する必要はない

トレンドにも、緩やかなものから急勾配のものまで幅広くあります。

急勾配のトレンドであれば大きな利益を狙えますが、緩やかなトレンドは狙える利益が少ないため、放置するというのもひとつの戦略です。

トレンドのイメージ

おだやかなトレンドは「歩ける坂」にたとえて考え、保有継続しています。急勾配のトレンドは「登れない坂」と呼んですぐに売ってしまいます

11 王道の売買方法「順張り」

トレンドに沿って売買をする方法

どのタイミングで株を買うか、売るかは、当然ながらシチュエーションや投資家の方針によって違ってきます。一般的に、「順張り」「逆張り」という言葉で売買のタイミングが分類されます。

トレンドに沿って売買を行うことを「順張り」といいます。この売買方法こそが、投資の王道といえますので、順張りによる売買の経験を積んでいきましょう。順張りは、株価が上がり始めたら買い、株価が下がり始めたら売る、というわかりやすい方法のため、初心者でも行いやすいです。早い段階でトレンドに乗ることができたら、利益をだしやすくなります。

一方で、**トレンドとは逆の売買を行うことを「逆張り」といいます**。株価が下がっている中で反転すると見込んで買うという手法です。後から株価が持ち直すことが見込める銘柄であれば、安いうちに買って高いうちに売れるため利益を出しやすいです。

しかし、株価の低迷が続くといつになったら利益になるのか、という不安がつきまとうため、初心者にはその見極めが難しいです。

順張りと逆張りとは

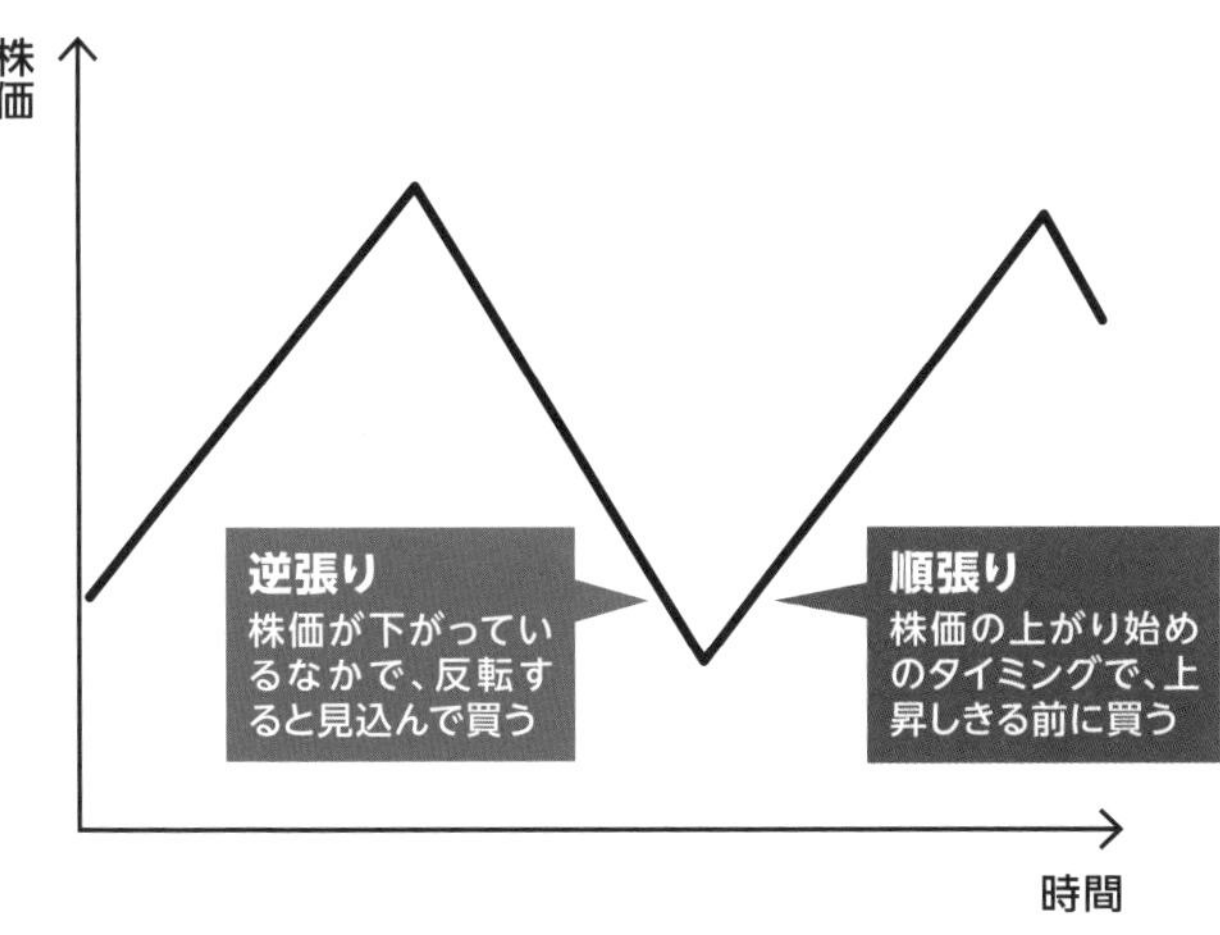
株価
逆張り
株価が下がっているなかで、反転すると見込んで買う
順張り
株価の上がり始めのタイミングで、上昇しきる前に買う
時間

素早くトレンドを見つけるのがカギ

順張りは、トレンドを早い段階で見つけると有利です。簡単なトレンドの見方としては、25日移動平均線を確認する方法があります（127ページ参照）。

株価が25日平均線より上にあれば上昇トレンド、下にあれば下降トレンドの傾向があるのです。また、ゴールデンクロスやデッドクロス（140ページ参照）といった有名なトレンドの確認方法があります。自分がよいと思うトレンドの指標を探しましょう。

優待銘柄と順張り

順張りは、相場環境がよければ一番よい手法です。私は相場環境の悪い時代に株を始めたので逆張り派ですが、権利確定日付近の優待銘柄では順張りをします

チャート基本

12 売りに出す値段を決めてタイミングを逃さない

一番安い値段で買って一番高い値段で売るのは難しい

購入した株の株価が上昇すると、利益が増えるため喜ばしいのですが、いざ利益を確定させようとしたら、どのタイミングで売りに出すべきか迷ってしまいます。もう少し待てばまだ上がるのか、それとも今がピークと考えて売るべきなのか……。特に初心者の場合は、トレンドがいつ終わるのかという予測に慣れていないため、余計に迷ってしまいます。

そうした事態に対処するため、**いくらまで利益が出たら売ってしまう、とあらかじめ売りに出す金額を決めておきましょう**。

たとえば、2000円で購入した株は3000円になったら売る、といった具合です。また、支持線や抵抗線を利用し、レンジの上限になったら売る、という決め方もあります。

株を長期的に保有する場合は、買い値の2倍や3倍になったら売る、といった、大きい利益を狙った設定もしやすいです。

株の世界には、**「頭としっぽはくれてやれ」という有名な投資格言があります**。頭は一番高い株価、しっぽは一番安い株価を表します。一番安値で買って高値で売ることが理想ですが、完璧にそれをこなすのは難

利益確定と損切り

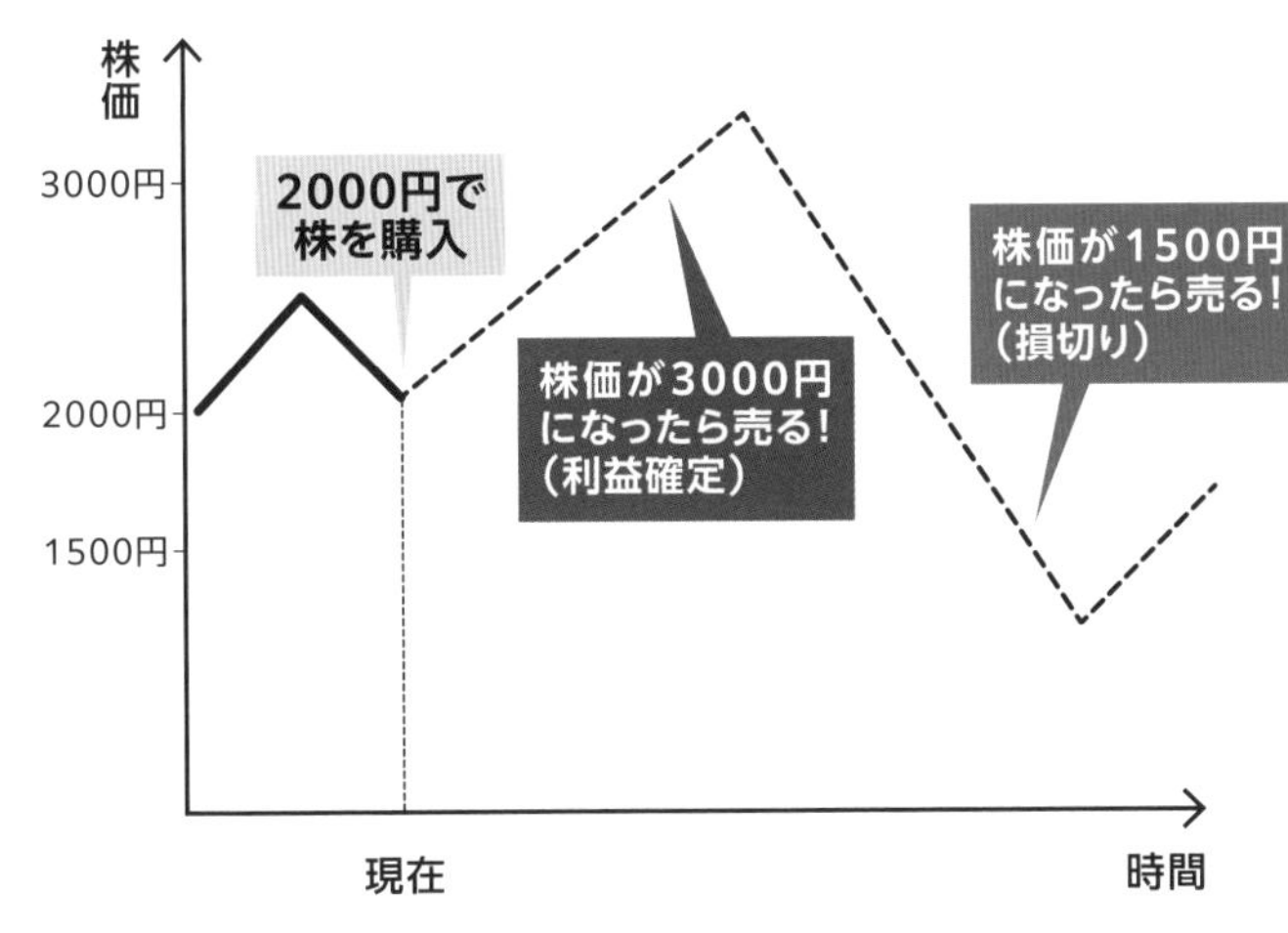
株価
3000円
2000円
1500円
2000円で
株を購入
株価が3000円
になったら売る！
（利益確定）
株価が1500円
になったら売る！
（損切り）
現在
時間

しいため、最高値、最安値はある程度あきらめてしまおうという意味です。

先ほどの例でいうと、4000円まで値上がりするかもしれないものの、確実に利益を出すために3000円で指値で売り注文を出してしまうのもよいでしょうもう。そうすれば、少し上がりそうだ、などと迷っている間に売りのタイミングを逃すこともありません。一方で、これ以上損失を拡大させないための「損切り」も考えておく必要があります。これまで「下がったら売る」ということも、利益確定の額を決めるときと同じタイミングで決めておくべきです。

暴落に備える

含み益が出ていたのに、コロナショックで含み損になった銘柄がありました。数年に1度は「○○ショック」が起きるので利益を確定するのも大事だと思います

含み益（損）｜保有している株が買値よりも値上がりし、もしも売却すれば利益が出る状態のこと。反対に、その時点で約定すれば損失が出る状態を含み損という

出来高の増減はトレンドを予言している?

期待感の高まりが出来高に反映される

チャートには、折れ線グラフの下に棒グラフが描かれています。これは、一定の時間のうち、どれだけの取引が成立したかを示す「出来高」の棒グラフです。「売買高」とも呼ばれます。

出来高を見ると、その銘柄においてどれだけ取引が活発に行われているかがわかります。

たとえば、これから成長が見込めそうだという投資家の期待感が高まると、株が購入されていき、このときに出来高が上昇します。これが上昇トレンドの兆しなのです。特に、**低迷していた銘柄で出来高が高まると、上昇トレンドの前触れと考えられます。**

また、出来高は下降トレンドのサインにもなります。たとえば、**株価がどんどん上昇しているのに出来高が伸び悩むと、下降トレンドの兆しと考えられます。**これも、トレンドの伸び悩みが出来高に先行して反映されているのです。

トレンドとは関係のない出来高の増減もある

トレンドができた後に、遅れて出来高が増減することもあります。

出来高とトレンドの関係

[栃木銀行(8550)　日足　2019年7月～2019年11月]

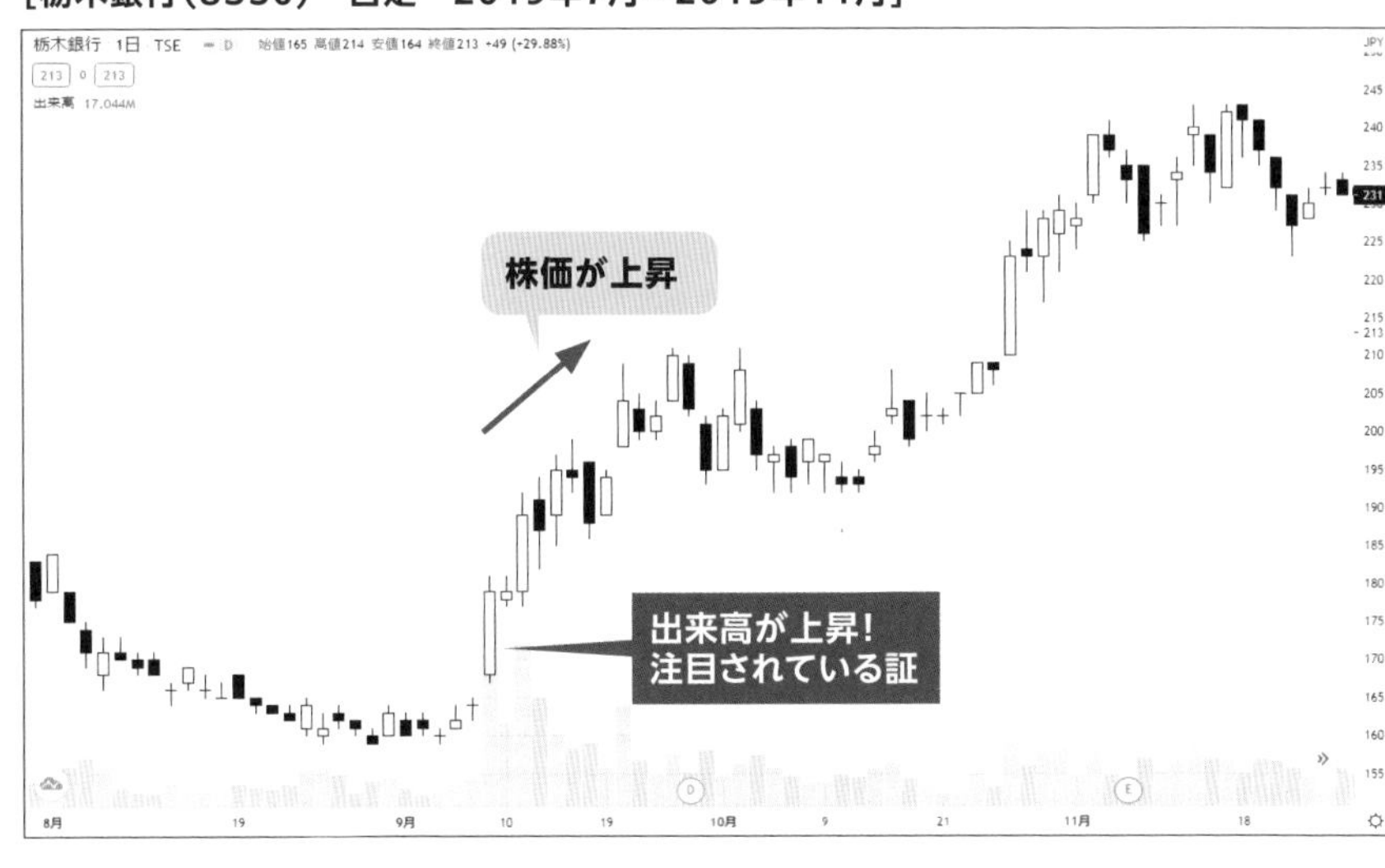

これは、順張りを行い、トレンドを追った投資家たちによって、取引の数が増えたからです。投資家から注目が集まり、株が買われていくと、出来高数も増えていきます。

この場合、出来高の上昇は後追いで株を売買した人の心理が現れているだけなので、これ以上値上がりするというサインではありません。

チャートや出来高は、株取引をしている人の気持ちを表しています。出来高の増減がどういったサインなのかを考えると、トレンドのサインを見つけやすくなるでしょう。

出来高と逆張り

私は逆張りをよく行うので、出来高が多く株価が下落した日に銘柄を買います。読みが外れて次の日にさらに値下がりしても、銘柄によっては買い増しします

COLUMN4

広い視野で複数のトレンドを発見する

トレンドはひとつだけじゃない

４章では、上昇トレンド、下降トレンド、レンジ相場の３種類の株価チャートの動きを説明しましたが、チャートに潜んでいるトレンドは、実はひとつだけではありません。短期間のトレンドもあれば、長期間のトレンドもあるため、同時に２つのトレンドが存在することもあります。

たとえば、短期的に見ると下降トレンドなのに、長期的に見ると上昇トレンドにいるというパターンです。この場合は、一時的に株価は下がっていますが､長期で保有していると株価が上昇していくことが読み取れます。もしも短期的なトレンドしか見ていなかったら、どこかのタイミングで損切りしていたかもしれませんね。つまり、見逃しやすい「もうひとつのトレンド」を見つけるだけで作戦が変わるのです。

視野を広くもたないと得られる情報が限られてしまいます。チャートを見るときは、短期、中期、長期と３つの区分で目を通し、その銘柄の全体的な動きを把握しておきましょう。

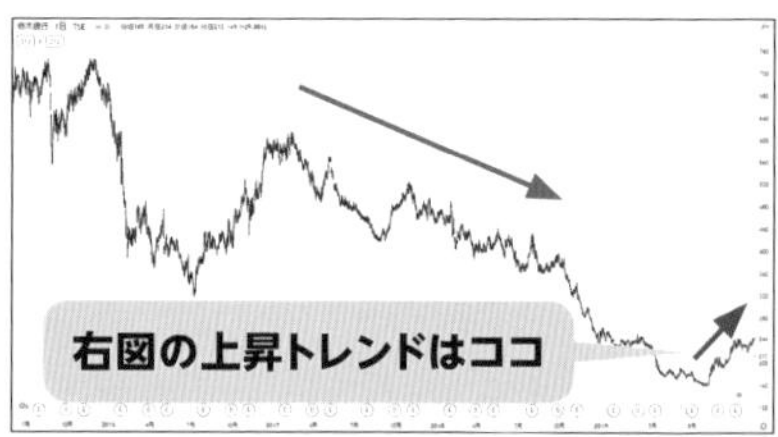

短期のチャート(右)を見ると､一見上昇トレンドに見えますが､長期のチャート(左)を見ると株価は全体的に下落しているのがわかります｡直近のトレンドばかりに捉われないようにしましょう｡

5章

株価チャートを読み解く
応用編

チャートのパターンから次の値動きを予測することができます。基本の酒田五法をはじめ、いくつかのパターンを紹介します。

チャート応用01

テクニカル分析の基本となる酒田五法

ローソク足の並びに注目した最古の相場分析法

4章ではチャートの基本的な見方などを説明しました。ここではその応用として、テクニカル分析を紹介します。**テクニカル分析とはローソク足の並びやチャートの形に注目して、過去の値動きから今後の値動きを予想することです。**

まずは、数多くあるテクニカル分析のうち、最も古典的で基本的な「酒田五法」を紹介します。

酒田五法は江戸時代の米商人、本間宗久によって編み出された手法です。本間宗久はローソク足の並びに注目した相場分析法を構築し、米市場で莫大な富を築きました。

その相場分析法が、彼の出身地である山形県酒田の名をとり、酒田五法として広まりました。五法という名のとおり、大きく分けて「三山」「三川」「三空」「三兵」「三法」の5つのパターンからなっています。

5つのなかでもさらにいくつかのパターンがあり、多くのテクニカル分析の土台となっているだけでなく、それぞれが現代の複雑な相場においても通用する優秀な手法です。

ここからは、その五法についてひとつずつ紹介します。

天井を示す三山

[ラサ工業(4022)　日足　2019年3月〜2020年8月]

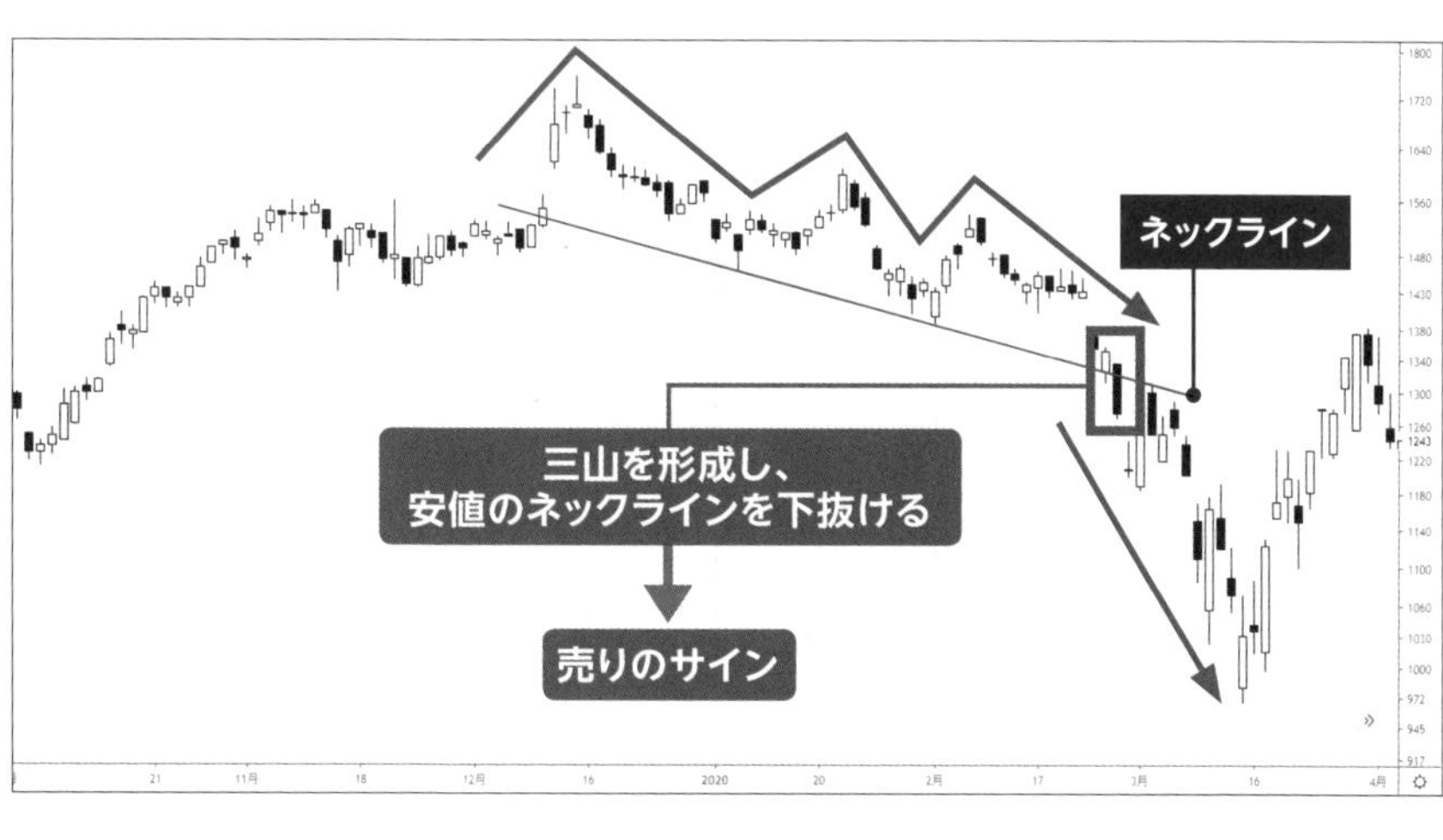
ネックライン
三山を形成し、
安値のネックラインを下抜ける
売りのサイン

上昇トレンドでの三山は天井を示す売りのサイン

三山は天井圏で発生するチャートパターンで、山が3つ連なったような形をしています。ほかの酒田五法は数本のローソク足からなりますが、三山は数十本のローソク足からなるため、日足であればできるまでに1カ月以上かかります。

上昇トレンドで発生した場合、そこが天井となり下落に転じる可能性が高くなります。これは、3度試みても突破できない、強い抵抗線があることが考えられるためです。そのまま、安値を結んだネックラインを下抜けるようであれば、売りのサインになります。

一方、**下降トレンドにおいては、上下が逆さまになって発生し、底値を示します**。そこから反発し高騰することが見込まれるので、高値を結んだネックラインを上抜ければ、買いのサインです。

三山のうち、真ん中の山が一番高いものは、特に「三尊天井」と名付けられています（116ページ参照）。

ネックライン　天井を示すサインで安値を結んだ線、あるいは底を示すサインで高値を結んだ線のこと。安値、高値がひとつの場合は真横に引く

底を示す三川明けの明星

[アンジェス(4563)　日足　2020年1月～4月]

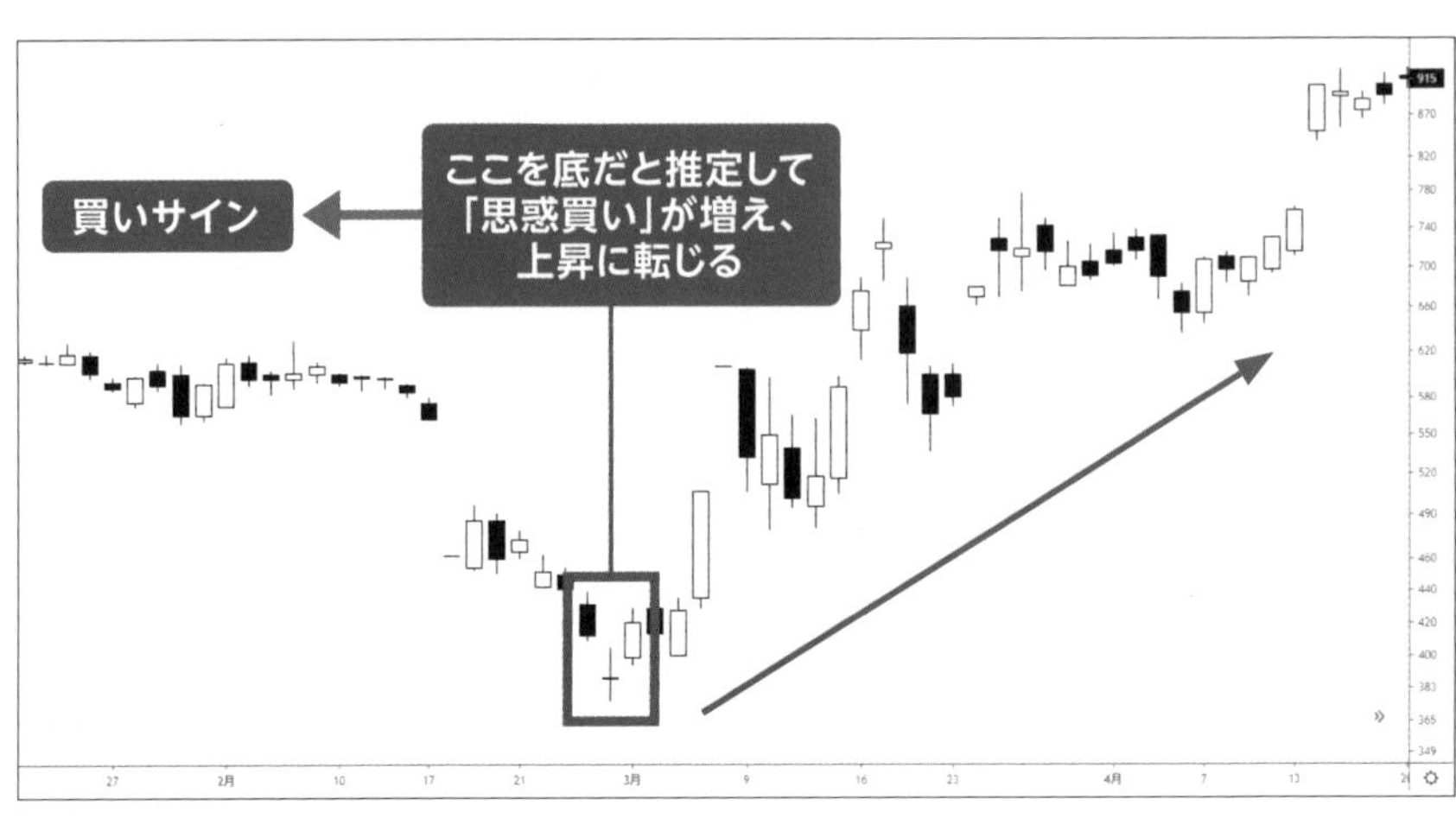

買いサイン
ここを底だと推定して「思惑買い」が増え、上昇に転じる

三川明けの明星は上昇に転じる買いのサイン

三川は川の字のように、並んだ3本のローソク足からなるチャートパターンです。酒田五法のなかで最も多くの種類があります。ここでは、特に有名な「三川明けの明星」と「三川宵の明星」を紹介します。三川明けの明星は、1本目が長い陰線、2本目が下に窓を開けた十字架のような形の短いローソク足、3本目が上に窓を開けた長い陽線でできたパターンです。2本目のローソク足が星に見えることからこの名が付けられました。**下落相場で出ると、2本目のローソク足を見て「そろそろ底かも」と思惑買いが入り、窓を転換点として上昇に転じるので、買いのサインです。**

三川宵の明星はその逆で、1本目が長い陽線、2本目が上に窓を開けた十字架のような形の短いローソク足、3本目が下に窓を開けた長い陰線の組み合わせです。上昇相場で出ると、窓が抵抗線となり、下落に転じるので、売りのサインになります。

窓　前日終値より、はなれた位置で寄り付く始値の状態を窓という。高値に更新する様を「上に窓が開く」といい、「下に窓が開く」はその反対

天井を示す三空踏み上げ

［イリソ電子工業（6908）　日足　2019年10月〜2020年1月］

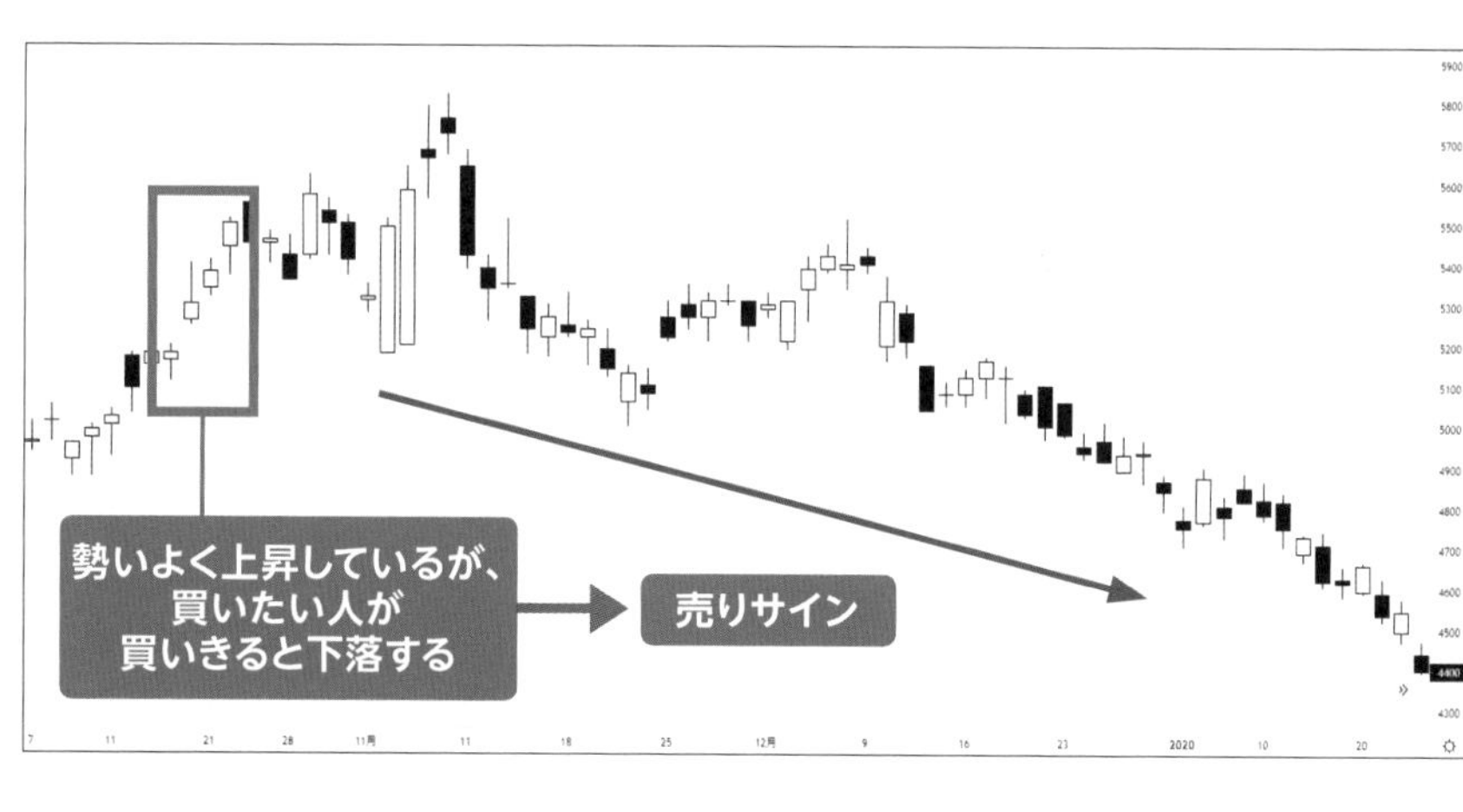
勢いよく上昇しているが、
買いたい人が
買いきると下落する
売りサイン

三空はトレンドの終盤を示唆する売買サイン

三空は同じ方向に窓が3つ続いて開くパターンです。上に続けて開くパターンを「三空踏み上げ」、下に続けて開くパターンを「三空叩き込み」といいます。

三空踏み上げは4本の陽線からなっており、上昇相場の終盤に現れます。最初の窓は、ニュースなどで企業にとってよい材料となる情報が出るなどして急騰したのだと考えられますが、この状況では信用売りしていた人は証拠金不足により買い戻しを迫られます。

すると、買いが増えるため株価はさらに上昇します。そして、買いたい人が買い切ると今度は利確する人が出てくるので売りが増え、株価が下がります。そのため、**上昇トレンドの終わりのサイン、つまり売りのサインになります**。

一方、三空叩き込みは下降トレンドの終盤に現れます。4本の陰線からなっており、上昇への転換を示す買いのサインです。

上昇トレンドを示唆する赤三兵

［プレシジョン・システム・サイエンス（7707） 日足 2019年12月～2020年3月］

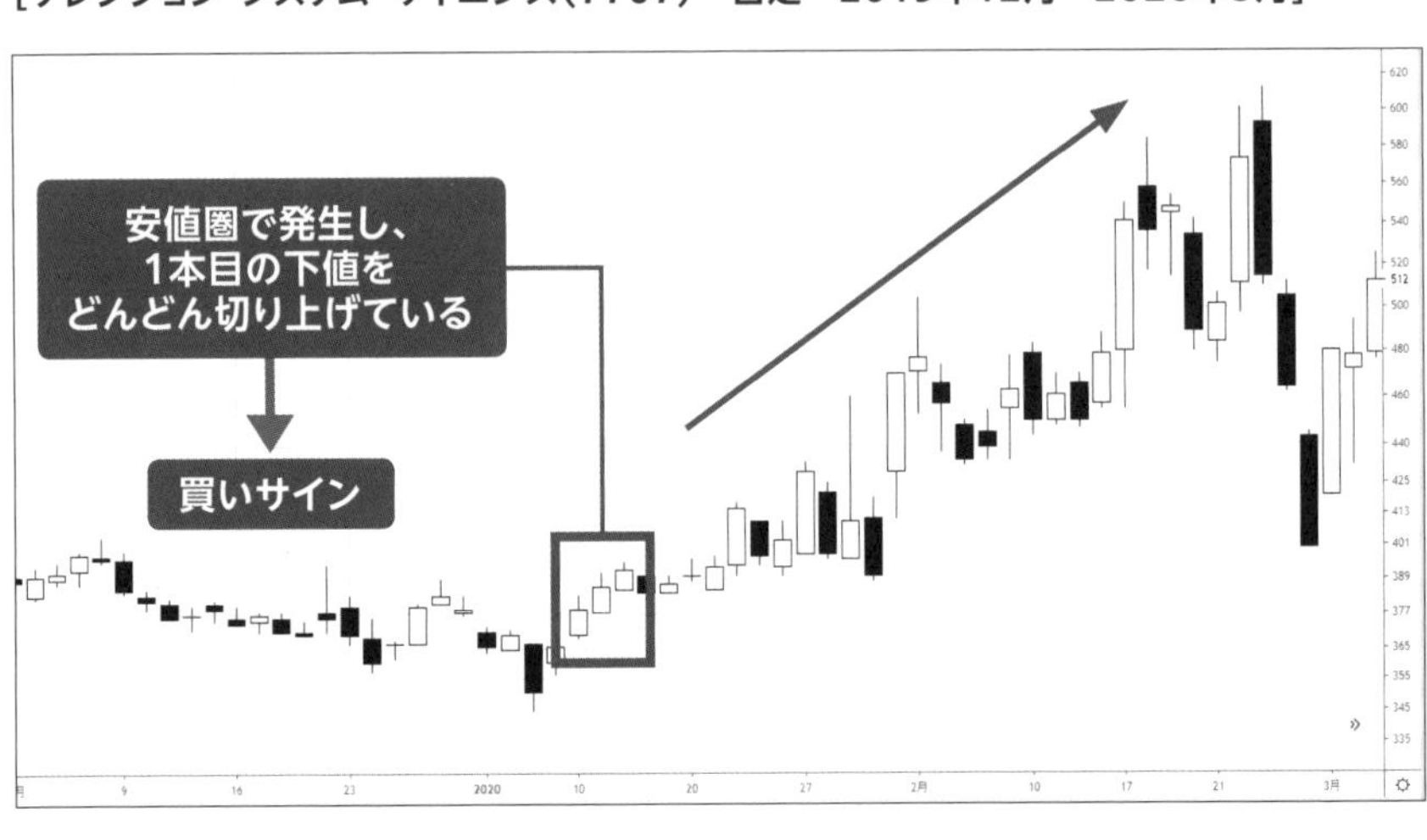
安値圏で発生し、
1本目の下値を
どんどん切り上げている
買いサイン

じわじわ上値を更新し上昇トレンドを示唆する赤三兵

三兵は陽線あるいは陰線が3本続くチャートパターンです。**陽線が3本続くものを「赤三兵」、陰線が3本並んだものを「黒三兵」といいます。**

赤三兵は、2本目が1本目の下値を切り上げながら上値を更新し、3本目がさらに下値を切り上げて上値を更新します。**じわじわ株価が上昇し、安値圏ではさらなる上昇を示唆する買いサインになります**。ただし、高値圏では天井を示唆する売りサインになります。

黒三兵はその反対で、2本目が1本目の上値を切り下げながら下値を更新し、3本目がさらに上値を切り下げて下値を更新します。高値圏では売りサイン、安値圏では買いサインになります。

トレンドの継続を示唆する上げ三法と下げ三法

三法は大小5本のローソク足からなるチャートパ

上昇継続を示す上げ三法

［トピー工業（7231）　日足　2020年4月～6月］

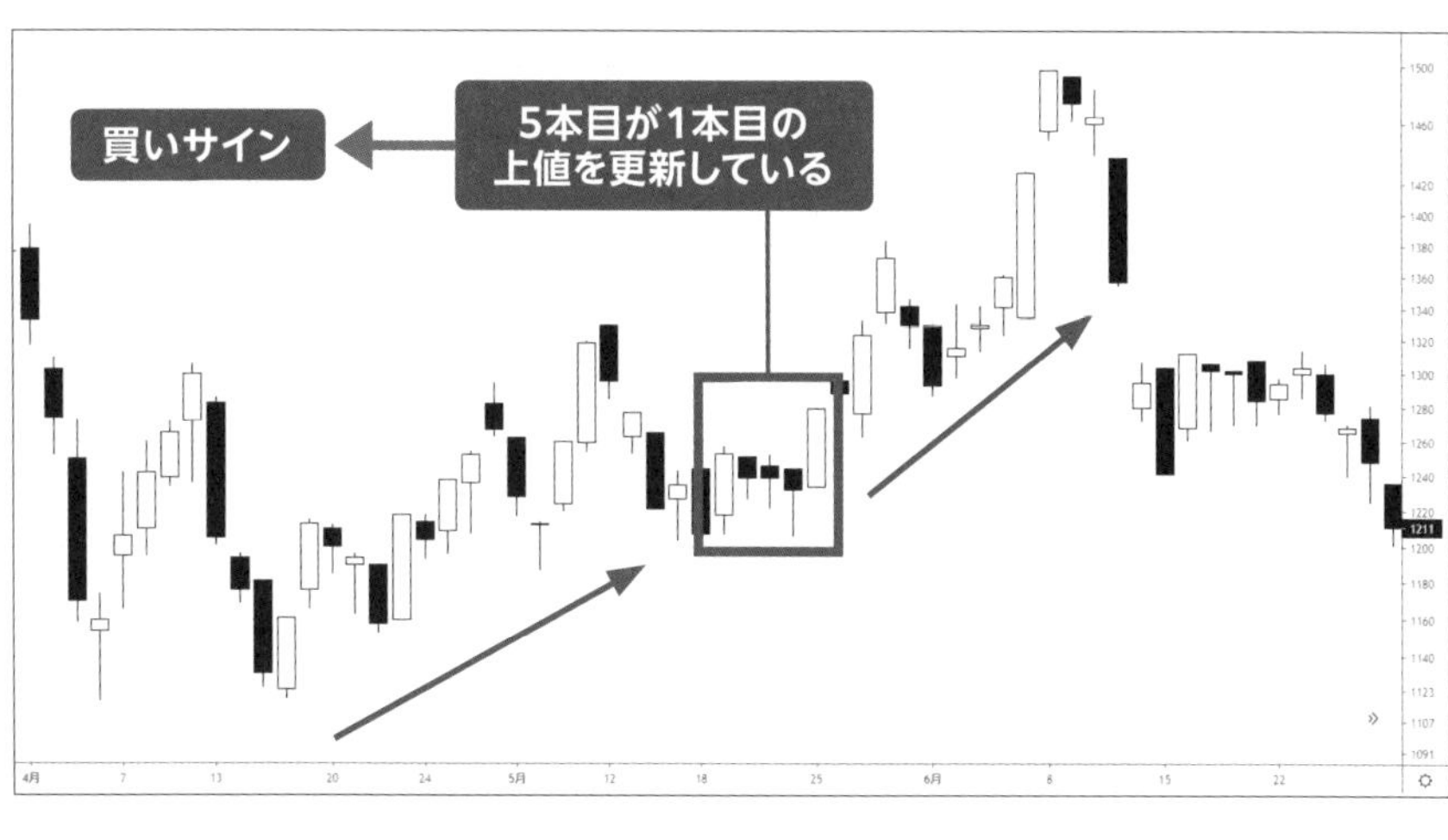
買いサイン
5本目が1本目の
上値を更新している

ターンです。「上げ三法」と「下げ三法」の2種類があり、どちらもトレンド継続のサインです。

上げ三法は上昇トレンドにおいて、長い陽線のあとに、短いローソク足が陽線の範囲内で3本並び、再び長い陽線が最初の陽線の上値を更新する形で並ぶものです。上昇トレンドの継続を示唆するので、買いサインになります。

一方、**下げ三法は下降トレンドに発生し、上げ三法とは逆に1本目と5本目が陰線で、5本目が1本目の下値を更新します**。下降トレンドの継続を示唆する売りサインです。

三川明けの明星は買い

どのサインもいろいろなチャートで見かけます。特に、赤三兵、三川明けの明星は出やすいので、実際に好きな銘柄に出たら勇気を出して買ってみましょう

株価を決める要因は需給バランスと企業の業績

買いたい人が売りたい人より多ければ値段が上がる

株価は銘柄により数十円から数万円までさまざまですが、そもそも株価はどういう要因で、どのようにして決まるのでしょう。

株価は需給バランスによって決まります。需給バランスとは、需要者と供給者、つまり買いたい人と売りたい人のバランスです。

株に限らず、買いたい人が売りたい人より多ければ株価が上がり、買いたい人より売りたい人が多ければ株価が下がります。その「買いたい」や「売りたい」という判断の原因になるのが、企業の業績です。

株を買って株主になると、その企業の業績がよい場合に配当がもらえます。**業績がよいほど配当が増えるので、業績がよい企業には買いが集まり、業績が悪い企業には売りが集まります**。

加えて、業績がよくなりそうな企業の株を安いうちに買えば大きな利幅を狙えるので、新商品や新事業などに期待が持てそうであれば、早い段階で買いが集まります。

チャート上では、値動きの際に大きな出来高がつけば、需給バランスがその方向に傾いているということがわかります。

リーマンショック　アメリカの投資銀行・リーマンブラザーズの経営破綻をきっかけに、世界的に起こった金融危機

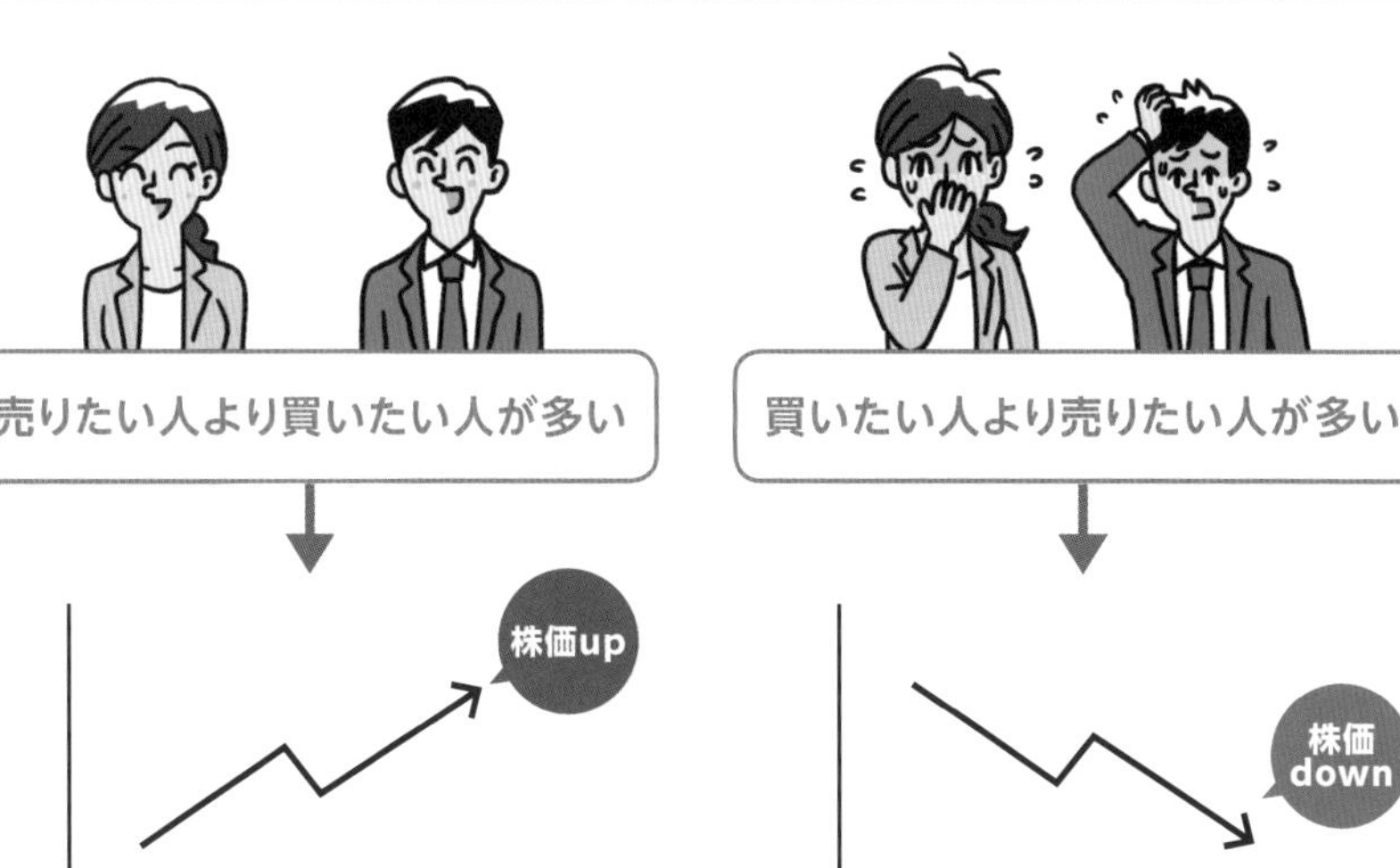
需給のバランス
売りたい人より買いたい人が多い
株価up
買いたい人より売りたい人が多い
株価
down

リーマンショックなど海外経済の影響も受ける

ほかにも、世界情勢や自然災害なども株価に影響を与えます。2008年のリーマンショックや2015年のチャイナショックの際は、日本株も大暴落に見舞われました。

自然災害も商品や事業の需給を左右するため、企業の業績に大きく影響を及ぼします。2020年に蔓延したコロナウイルスは経済の停滞を招き、株価が大きく下落しました。

ショックは買いどき

経済ショックの底で株を買うことこそ一番勝てる方法です。業績関係なく売られているので、こういうときにこそ欲しかった銘柄を怖がらずに買ってください

チャイナショック｜中国の政策変更や金融システムの不安定化へのリスクなどから人民元や中国株が急落し、世界各国の金融市場に混乱を招いた事象

株式市場には3種類の投資家が存在する

3種類の投資家

個人投資家

専業、兼業を問わず自分のお金で投資をしている人のこと

機関投資家

個人から預かったお金を元手に運用している保険会社や銀行、証券会社などの金融機関

海外投資家

個人や企業に関係なく、海外に在住する投資家のこと

海外投資家の影響力は無視できない

株価は買いたい人と売りたい人のバランスで決まりますが、株式市場にはいったいどのような人たちがいるのでしょう？　市場で株の売買をする人を投資家といいますが、投資家は大きく3種類に分けられます。個人投資家、機関投資家、海外投資家です。

個人投資家が一番イメージしやすいでしょう。名のとおり個人で投資をしている人のことです。専業、兼業を問わず、自分のお金で投資をしている人はすべて個人投資家になります。

海外投資家の影響力

東証一部の売買金額のうち、約7割は海外投資家が占めている

国内 3割
海外 7割

海外投資家が多いと取引する投資家が多いということになり、値動きしやすい

海外投資家が多くいるため、株価は日本国内だけでなく、世界の経済情勢や政治の動きなどの影響を大きく受ける

チャイナショックにより世界中の金融機関が混乱、株価が暴落した

リーマンショックの打撃により、その後数年にわたり経済が深刻化した

機関投資家は、個人から預かったお金を元手に運用している保険会社や金融機関などのことです。莫大な資金を有しており、機関投資家がポジションを持つと大きく値が動くことも珍しくありません。また、**その資金力で、あたかも売買サインが出たかのような値動きを演出する「ダマシ」を生み出すこともあります。**

海外投資家は、個人や企業に関係なく、海外に在住する投資家のことです。東証一部の売買金額のうち約7割を海外投資家が占めており、その影響力は無視できません。これは、株価が世界情勢の影響を受けるひとつの要因でもあります。

安いうちに買っておく

海外投資家が多い東証一部の銘柄は安いときに買えれば、よく上がります。昇格しそうな東証二部の銘柄を海外投資家が目をつける前に買っておくのも手です

ポジション 投資家が買い建て・売り建てしている銘柄や数量などの状況のこと。信用取引における売り建てはショートポジション、買い建てはロングポジションという

チャート応用04

過度な急騰や暴落を防ぐストップ高・ストップ安

値幅制限の価格(一部抜粋)

前日の終値	1日の株価の上下幅
100円未満	30円
100円以上200円未満	50円
200円以上500円未満	80円
500円以上700円未満	100円
700円以上1000円未満	150円
1000円以上1500円未満	300円
1500円以上2000円未満	400円

※2000円以上にも値幅制限は設定されている

前日の終値によって制限される値幅が決まる

時時刻刻と変動している株価ですが、1日に変動する幅には限度があります。これを「値幅制限」といい、前日の終値によって値幅が決まります。

値幅制限によって制限される値段の上限を「ストップ高」、下限を「ストップ安」と呼びます。**値幅制限があることで、過度な急騰や暴落が防がれているのです**。値幅制限の価格は上図を参照してください。

たとえば、前日終値が1000円の銘柄は制限される値幅が300円なので、700円から1300円の

ストップ高のとらえ方

［フルッタフルッタ(2586)　日足　2020年3月〜8月］

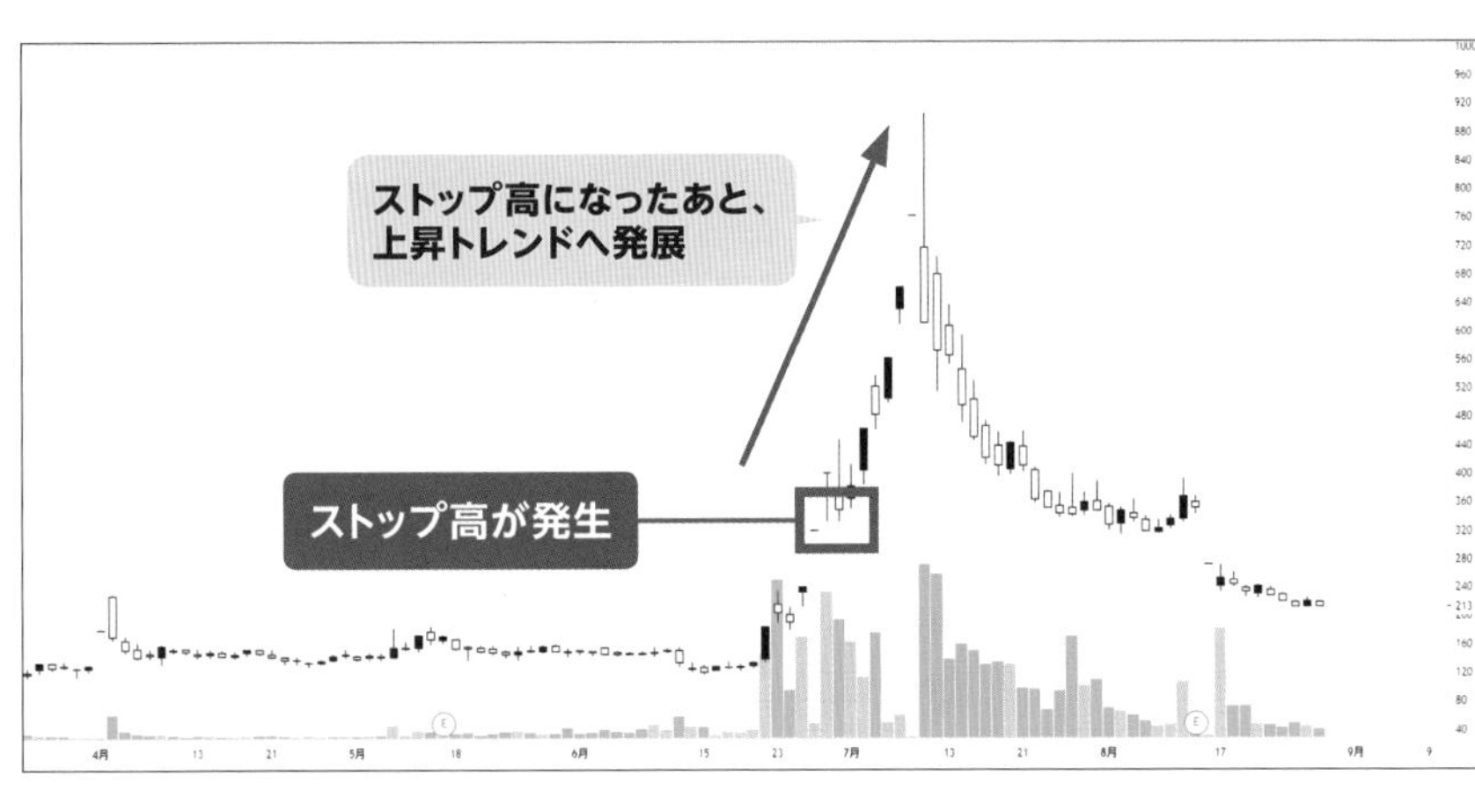
ストップ高になったあと、
上昇トレンドへ発展
ストップ高が発生

間で値動きすることになります。

また、値幅制限に拡大措置が存在します。これは、2営業日連続でストップ高（安）が続いた場合に、制限する値幅を4倍に拡大するというものです。以前は、3営業日続いた場合に2倍に拡大するものでしたが、需給バランスが偏った銘柄における売買を促すため、2020年8月3日より、要件が変更されました。

ストップ高（安）のとらえ方は出る場所で変わります。高値圏のストップ高は反落の可能性があるので売りサインですが、安値圏では上昇トレンドへの発展が期待できるので買いサインです。

反落する前に売る

ストップ高が3営業日続いて、売りが全然入らないこともあります。かなり強い上昇ですが、窓が3つ以上空いたり、長い上ヒゲが出たりしたら売ります

もみ合いから急激に上昇する上放れ

大きく出来高が増えると上昇トレンドになりやすい

106ページで紹介したストップ高に関連しますが、株価がもみ合っている状態から、一気に上昇することがあります。これを「上放れ」といいます。

もみ合っていたということは、強い抵抗線があったと考えられ、それを上抜けたことになるので、基本的には買いのサインです。

このときに重要なのが、大きく出来高が増えるということです。大きく出来高が増えるということは、それだけ多くの人の注目が集まっているということになり、そのまま上昇トレンドに発展することが期待できます。

一方で、上放れしたときにローソク足が窓を開けていた場合、その後、窓を閉めように下落する傾向があります。数日で閉まるか、数カ月かかるかはわかりませんが、いずれ値が戻ることを考えると長期保有には向きません。

また、高値圏での上放れは、そもそも高値掴みとなるリスクをはらんでいます。安値圏においては買いのサインとなることが多いですが、高値圏で発生した場合は、出来高に注目して、根拠のある上昇かどうか慎重に取引しましょう。

上放れの前後の値動き

［Zホールディングス（4689）　日足　2020年4月～8月］

抵抗線
一気に株価が上昇している
株価がもみ合っている状態から抵抗線を上抜けている
買いサイン

安易に空売りでポジションをもたない

上放れと反対に、もみ合いから急に株価が下落することを「下放れ」といいます。これも、**もみ合いにおける強い支持線を下抜けたということになるので、基本的に売りのサインになります。**

しかし、上放れと同様に、ダマシではなく本当に下放れか見極める必要があります。下放れしたからといって、安易に空売りでポジションを持つのは危険です。出来高をよく確認しましょう。

売りどきを決めておく

上放れしたときに集中して買う人がいますが、売りどきを逃し、結局塩漬けになることが多いです。この手法を使う際は、売りどきをしっかり決めましょう

チャート応用06

強い上昇トレンドで起こる値幅調整と日柄調整

値幅調整のチャート

［ベルク(9974)　日足　2020年3月～2020年7月］

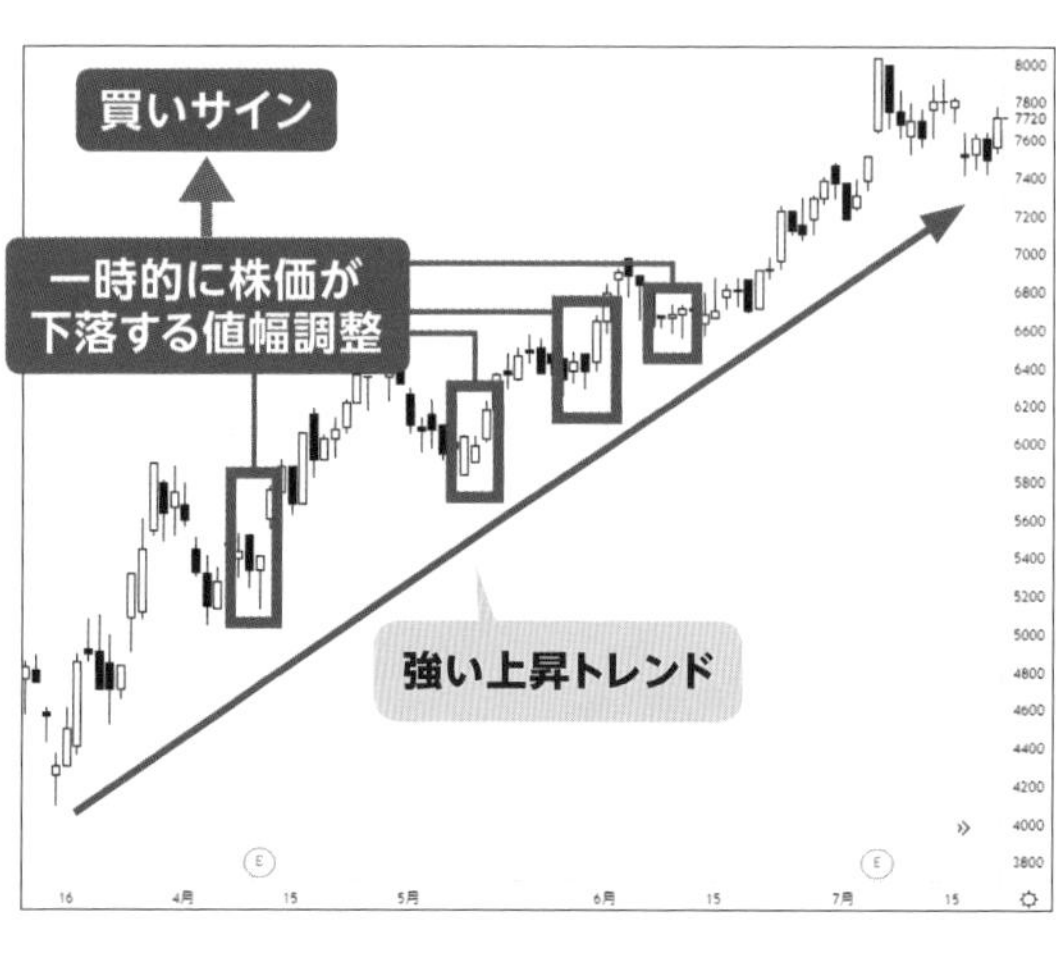

注目度が高い銘柄における値動きの調整は買いのサイン

値動きには「調整」が入ることがあります。これは強い上昇トレンドにおいて、利食い売りによって一時的に下落する値動きのことです。

調整には2種類あり、ひとつが「値幅調整」です。**上昇トレンドが発生するとある程度のところで利食い売りが入り、株価が下落します。**

しかし、少し下がると割安になったと判断して買う人が出るので、再度上昇しトレンドが継続します。そのため、値幅調整が入ったら買いのサインです。

日柄調整のチャート

［タクマ（6013） 日足 2020年4月〜2020年8月］

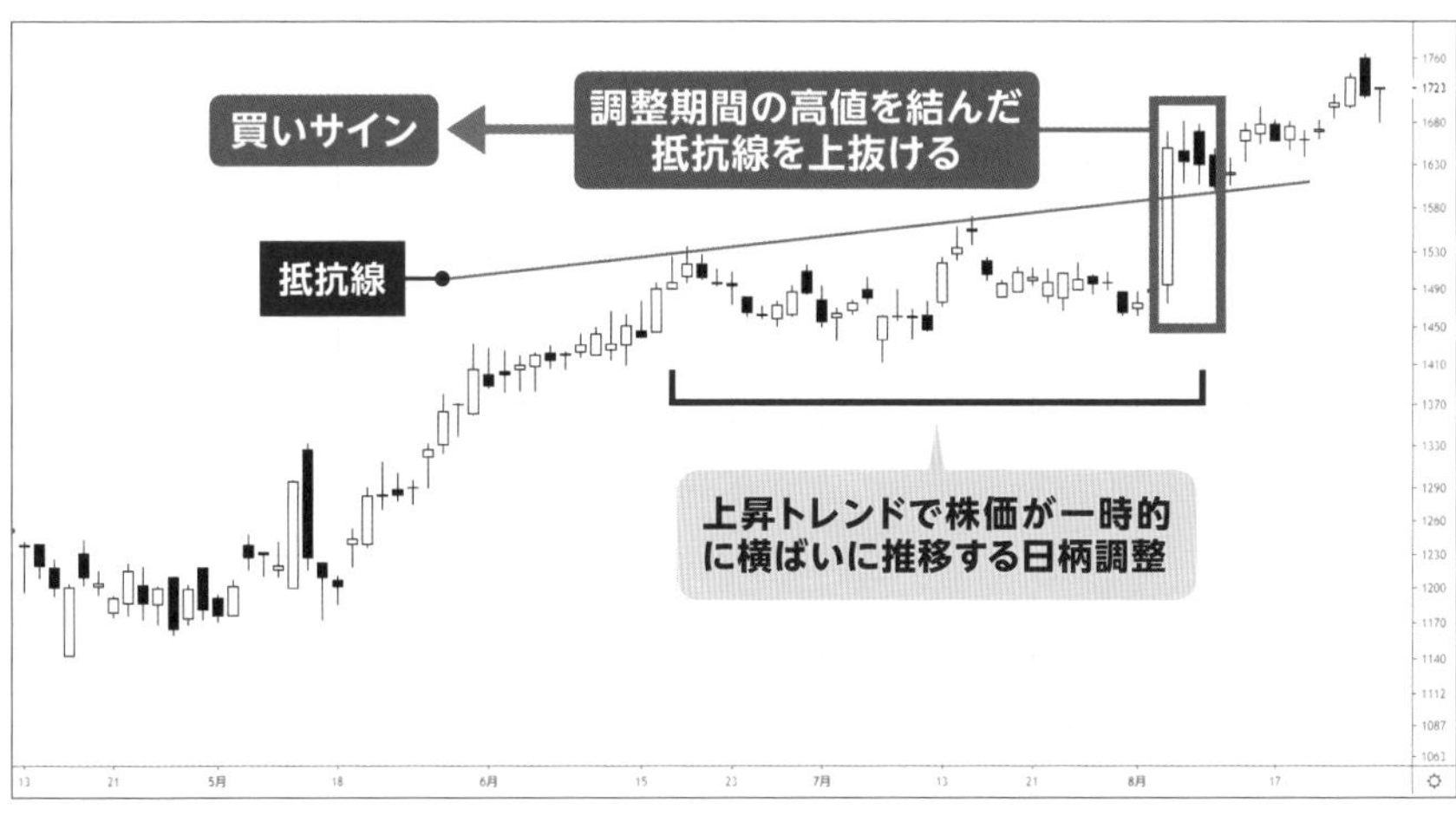
買いサイン
調整期間の高値を結んだ
抵抗線を上抜ける
抵抗線
上昇トレンドで株価が一時的
に横ばいに推移する日柄調整

もうひとつが、「日柄調整」です。上昇トレンドの最中に一時的に株価が横ばいに推移する調整を指します。これは企業の業績見通しがよく、その銘柄の注目度がかなり高い状況で起こります。

利食い売りで少しでも下がるとすぐ買いが入る状態のため、値幅調整のように価格が下がりません。横ばいが続いたあと、その価格帯で売りたい人が売り切ると、再び上昇に転じます。値幅調整より注目度が高いといえるので、強い買いのサインです。

日柄調整であれ値幅調整であれ、調整が入るということは強い上昇トレンドということになります。

利食いはゆっくり

「損切りは早く、利食いはゆっくり」という株のことわざがあります。上昇トレンド継続中は、安易に利食いしないほうが大きな利幅をとれます

利食い売り　保有している銘柄が値上がりした際に売却し、利益を確定させること。「利益確定売り」や単に「利食い」ともいう

チャート応用07

トレンドの転換を示すダブルトップとダブルボトム

天井を示すダブルトップ

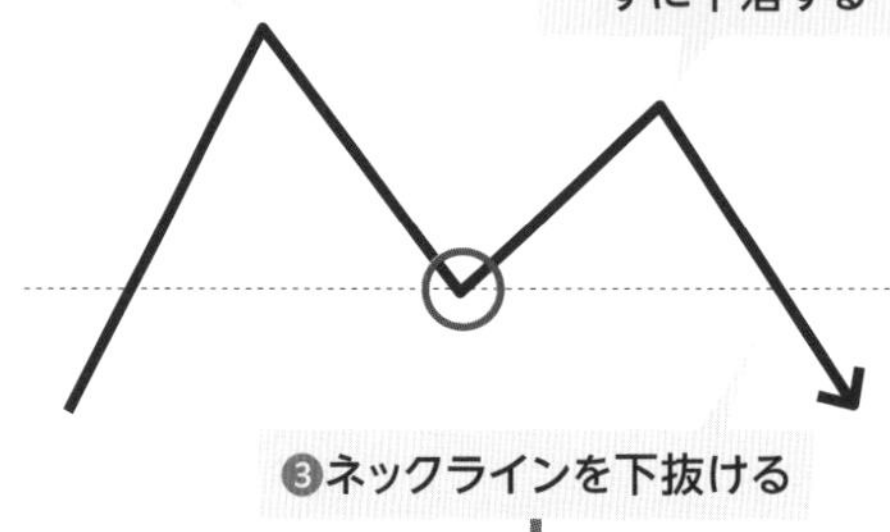
❶上昇していた株価が天井につけ下落する
❷反発するものの、高値を更新できずに下落する
❸ネックラインを下抜ける

下降トレンドへの転換

ネックラインを下抜けると下降トレンドの開始

チャートパターンの売買サインのなかでも、トレンドの転換時に現れるサインとして有名なのが、「ダブルトップ」と「ダブルボトム」です。

ダブルトップは山が2つ続いたような形のチャートパターンで、上昇トレンドから下降トレンドに転換するときに発生します。

上昇していた株価が天井につけて下落し、一度反発するものの、高値を更新できずに再び下落する、というのがダブルトップの値動きです。このとき、2つの高

ダブルトップの前後の値動き

［武田薬品工業（4502）　1時間足　2020年4月17日〜5月13日］

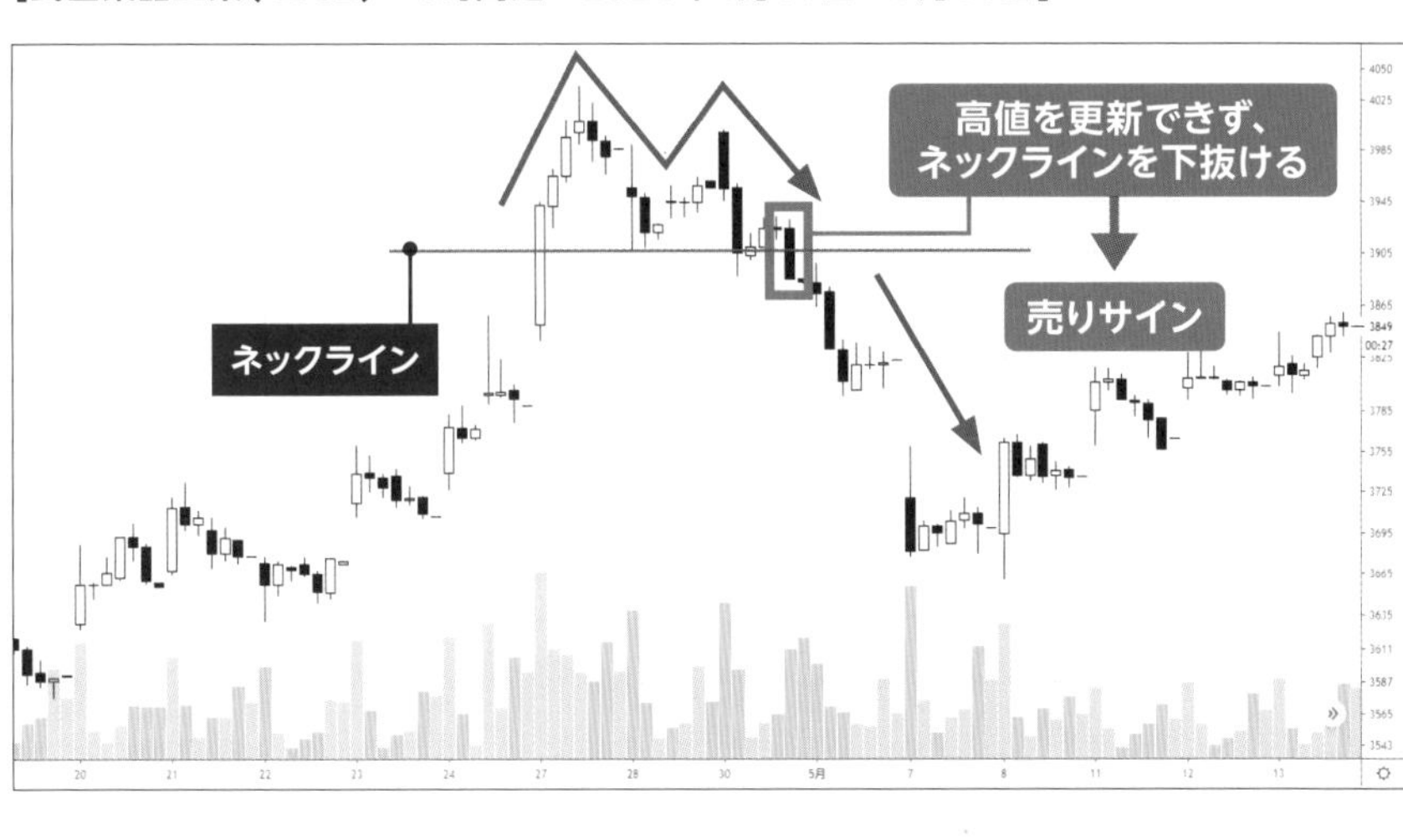
高値を更新できず、
ネックラインを下抜ける
売りサイン
ネックライン

値の間の安値に引いて線をネックラインといいます。**最後の下落の際にこのネックラインを下抜けると下降トレンドの開始になります**。したがって、下抜けたところが売りサインです。

下降トレンドは直近の高値を更新できずに、安値を更新することの繰り返しによって形成されます。つまり、ダブルトップの値動きは下降トレンドの一部であるといえます。

下落時に大きく出来高が増え反発時に出来高が減る

ダブルトップが形成されそうなとき、見るべきポイントのひとつ目は価格帯です。高値圏であれば下降トレンドへの転換を示しますが、安値圏では単なる安値更新になります。

もうひとつのポイントは、出来高の大きさです。**下落時に大きく出来高が増え、反発時に出来高が減っていると、上昇の勢いがなくなり下落に転じる可能性が大きい**と判断できます。

ダブルボトムの前後の値動き

[任天堂(7974)　1時間足　2020年3月6日～26日]

買いサイン
安値を更新できず、ネックラインを上抜ける
ネックライン

ネックラインを上抜けると上昇トレンドの開始

一方のダブルボトムは、2つの谷が続くような形のチャートパターンで、下降トレンドから上昇トレンドへの転換を示唆します。

ダブルボトムはダブルトップとは反対に、下落していた株価が底をつけて上昇し、一度反落するものの安値を更新せずに再度上昇に転じる値動きです。ここでは、**2つの安値の間の高値がネックラインとなり、それを上抜けると上昇トレンドになります**。したがって、ネックラインを上抜けたところが買いサインです。

上昇トレンドは、直近の安値を切り上げながら、高値を更新していく値動きなので、ダブルボトムは上昇トレンドの値動きの一部ということになります。

また、急落のあとの反発で上昇トレンドができる場合、高確率でダブルボトムが形成されます。強い要因による急落は、底をついてもまだ売りと考える人が残るので、素直にV字回復することはほぼありません。

抵抗線を意識したダブルトップ

［中外製薬（4519）　日足　2018年11月～2019年5月］

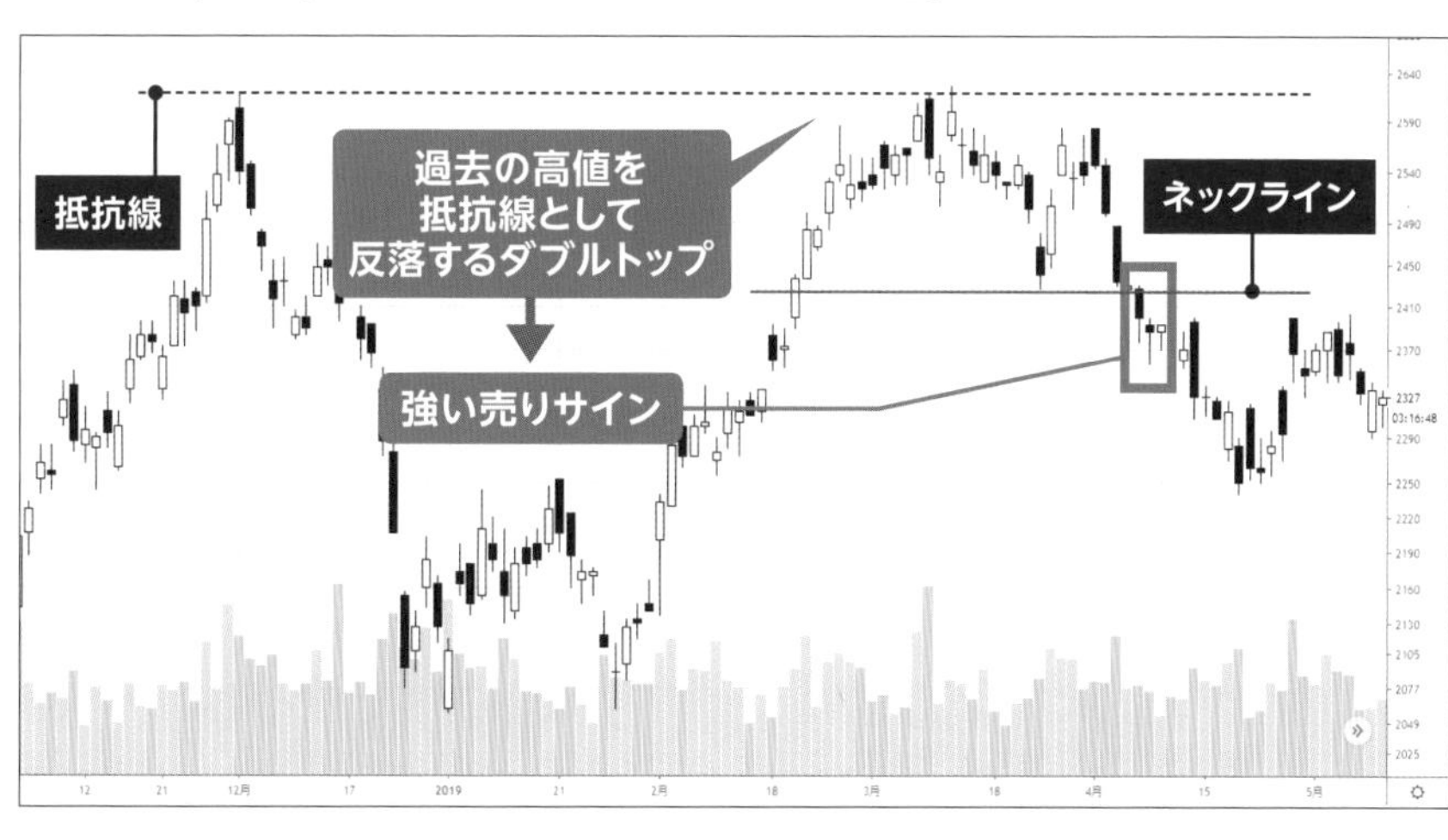

過去の抵抗線・支持線に沿っていれば強いサイン

ダブルトップとダブルボトムの精度を上げるには、過去の高値や安値を利用します。

まず、ダブルトップに対しては過去の高値を結んだ抵抗線、ダブルボトムに対しては過去の安値を結んだ支持線を引きます。**ダブルトップが抵抗線で反落するように発生しているなら、強い売りサインですし、ダブルボトムが支持線で反発するように発生していれば強い売りサインです。**

慣れれば線は不要

過去の支持線・抵抗線に沿っているということはアノマリーどおりということになり、慣れれば線を引かなくても売りどきがわかるようになります

アノマリー　相場において、理論では説明できないが、経験的に感じられる規則性のこと。「毎年1月に値上がりしやすい」などもアノマリーのひとつである

トレンドの終わりのサイン ヘッドアンドショルダー

ヘッドアンドショルダー

❶上昇していた株価が
天井につけ下落する
❷直近安値を更新
し、高値を更新で
きずに下落する
❸ネックラインを下抜ける
下降トレンドへの転換

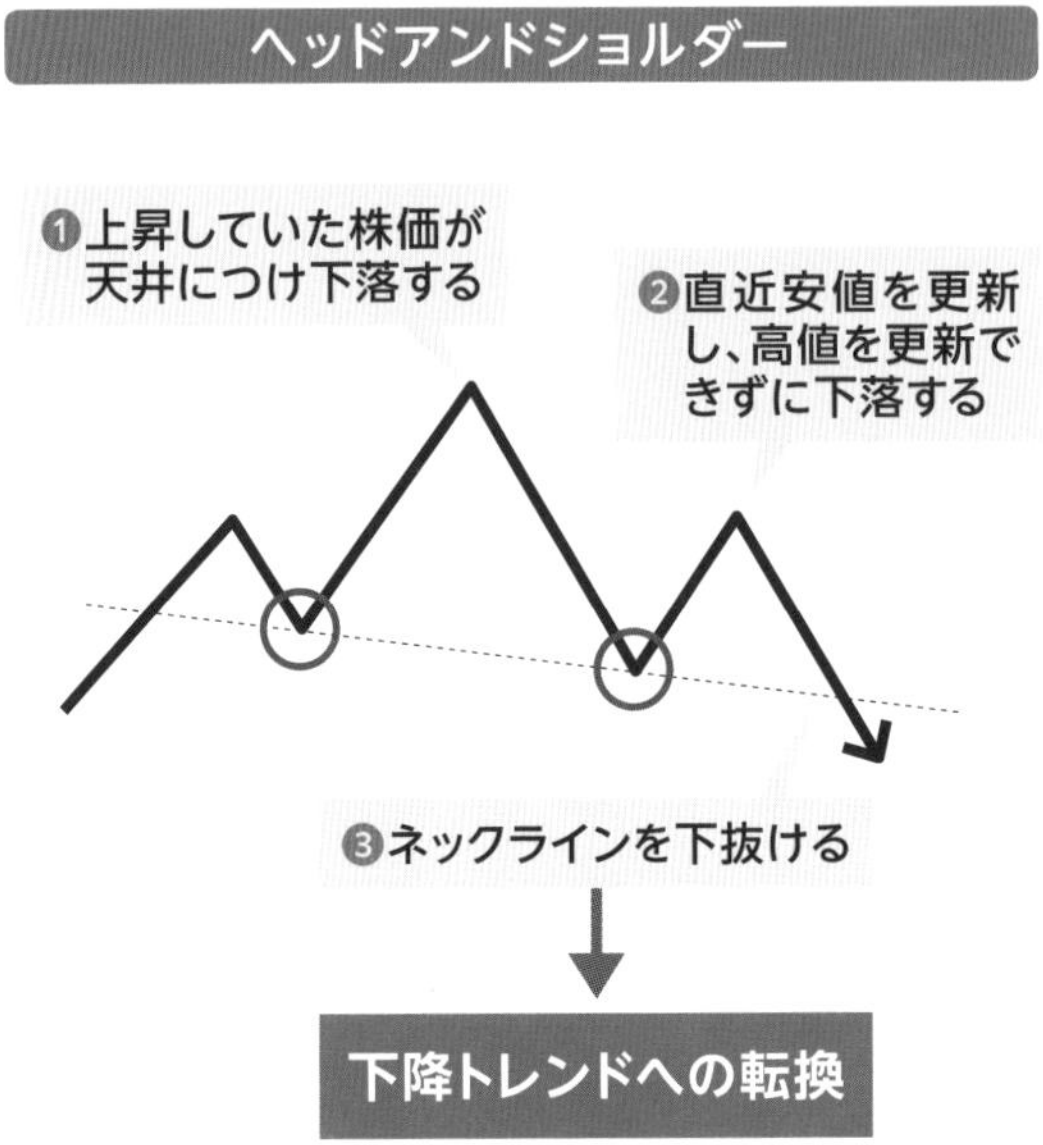

天井圏で出たら上昇トレンドの終わりのサイン

天井や底で発生するサインとして有名なのが「ヘッドアンドショルダー」と「ヘッドアンドショルダーボトム」です。

ヘッドアンドショルダーは天井圏で出るサインで、上昇トレンドの終わりを示唆します。山が3つ並び、真ん中の山が一番高い形のチャートパターンで、真ん中の山を頭、両脇の山を肩に見立てて、名づけられました。酒田五法の三尊天井としても知られており、この2つは同じチャートパターンです。

ヘッドアンドショルダーの前後の値動き

［アンリツ（6754）　日足　2018年12月〜2019年7月］

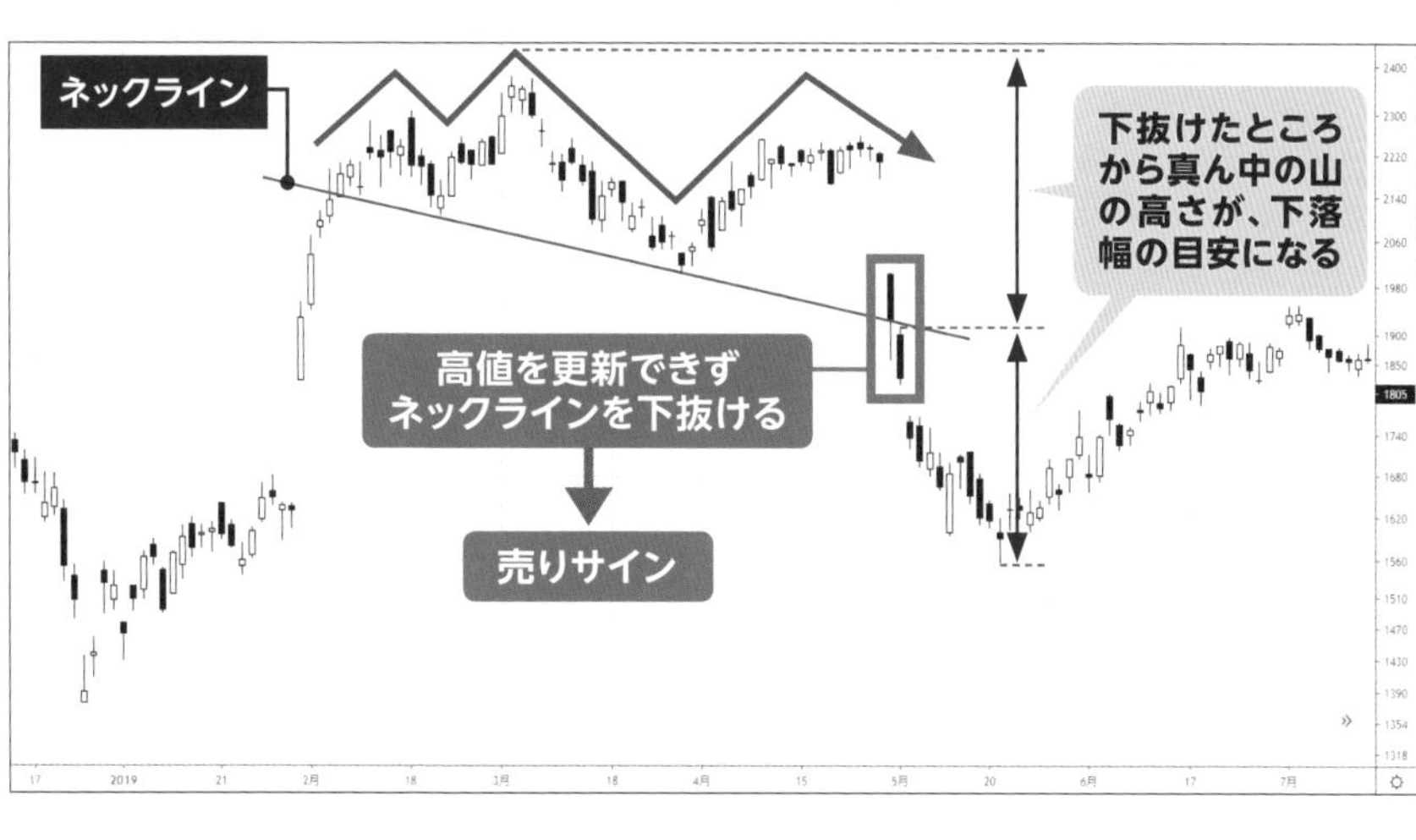
ネックライン
下抜けたところから真ん中の山の高さが、下落幅の目安になる
高値を更新できずネックラインを下抜ける
売りサイン

同じく天井を示唆するサインとしてダブルトップがありますが、ヘッドアンドショルダーのほうが発生する頻度が低く、精度が高いサインです。

最初の山ができ、2つ目の山で高値を更新するところまでは、上昇トレンドの勢いがあるように見えますが、次の安値が一度目の安値と同じ水準まで下がる、あるいは安値を更新し、反発するも高値を更新できないところで、売りが強まっていることがわかります。

2つの安値を結んだ線がネックラインとなり、3つ目の山のあとの下落でそのネックラインを下抜けると下降トレンドに発展します。そのため、ネックラインを下抜けたところが売りサインです。

なお、ネックラインを下抜けたあと、下降トレンドが続くわけですが、ヘッドアンドショルダー後の下降トレンドはどれくらい続くかを推測することができます。それはネックラインを下抜けた部分を基準として、そこから真ん中の山の高さと同じくらい下落するというものです。あくまで目安ですが、そのあたりまで下がったら利確を検討してもよいでしょう。

ヘッドアンドショルダーボトム

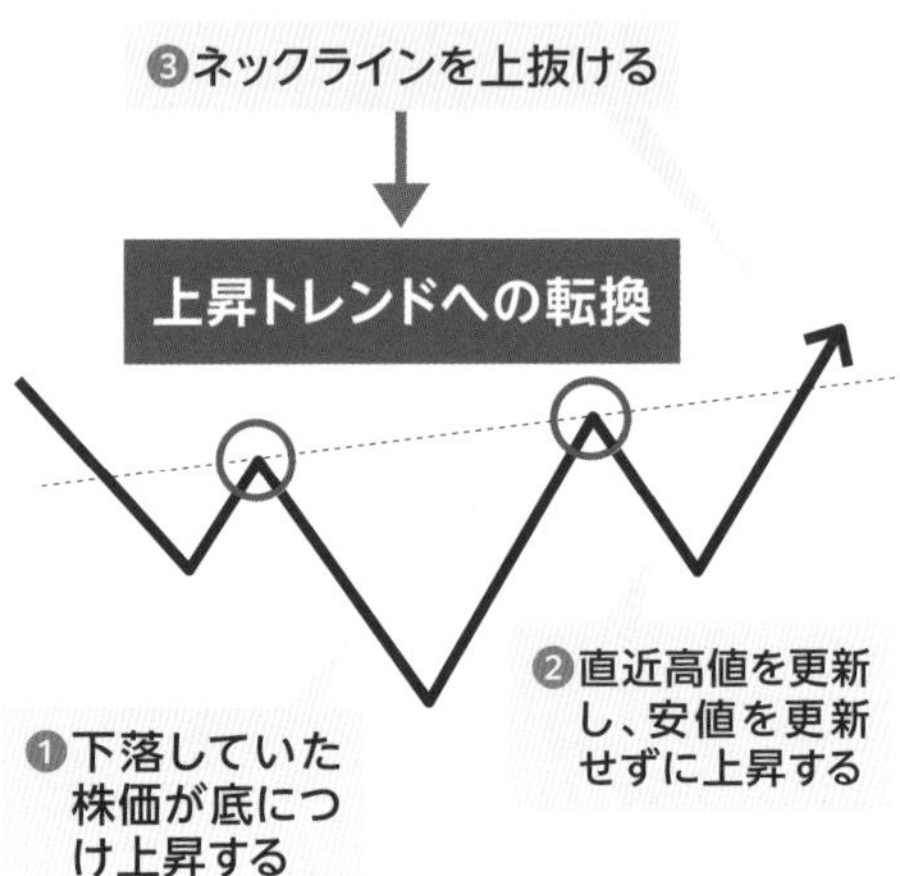

❸ネックラインを上抜ける
上昇トレンドへの転換
❷直近高値を更新し、安値を更新せずに上昇する
❶下落していた株価が底につけ上昇する

ヘッドアンドショルダー（ボトム）は長い時間をかけて形成されるので注目度が高いサインです

ヘッドアンドショルダーボトムは下降トレンドの終わりのサイン

ヘッドアンドショルダーボトムは、ヘッドアンドショルダーをそのまま上下逆さまにした形です。安値圏で発生する下降トレンドの終わりを示唆するサインで、酒田五法では逆三尊と呼ばれています。

ひとつ目の谷をつくり、安値を更新するところまでは下降トレンドに勢いがありますが、その後の高値が直近の高値と同じ水準まで上昇、あるいは高値を更新すると下落の勢いが弱まります。さらに、2つ目の高値のあと反落するも安値を更新できないと買いが強まっていると判断できます。

ここでは**2つの高値を結んだ線がネックラインとなり、3つ目の谷のあとの上昇でこのネックラインを上抜けると上昇トレンドになります**。そのため、ネックラインを上抜けたところが買いのサインです。

なお、上抜けた後の上昇幅は、真ん中の谷から上抜けた部分までの高さが目安になります。

ヘッドアンドショルダーボトムの前後の値動き

［良品計画(7453)　日足　2019年3月〜12月］

安値を更新せず
ネックラインを上抜ける
買いサイン
ネックライン

投資家の注目が集まる強い売買サイン

ヘッドアンドショルダーボトムもヘッドアンドショルダーボトムもある程度発生する価格帯が決まっています。そのうえ、日足であればおよそ2カ月以上の長い期間をかけて形成されます。

したがって、**多くの投資家が注目するので、ネックラインを超えたところで注文が集まります**。買いが買いを呼び、売りが売りを呼び、トレンドに発展しやすくなるので、強い売買サインになるのです。

株で待つ時間は大切

「休むも相場」という言葉もあるくらい、待つ時間は大切です。ヘッドアンドショルダーボトムが形成されそうなら、好きな銘柄でぜひ待って買いましょう

COLUMN5

過去のチャートから パターンを見つける

○ 売買サインのあとの値動きを追う

５章では、さまざまなチャートパターンによる売買サインを紹介しました。しかし、実際の相場では毎回お手本のようなきれいなサインが出るわけではありません。

まずは、いろいろな銘柄の過去のチャートを見てみましょう。注目するポイントは、上昇トレンドの前後や下降トレンドの前後です。そこに、売買サインとなるチャートパターンが出ているかを確認します。サインを見つけたら、その後、セオリー通りに値動きしているかを見てみましょう。

たとえば、上放れのあとに窓を閉める値動きはあるか、ヘッドアンドショルダーのあとの下落幅は真ん中の山の高さと同じくらいか、三空踏み上げのあとに下落に転じているかなどです。

多くのチャートを見て勉強することで、信憑性の高いサインや自分が見つけやすいサインがわかってくるでしょう。すると、実際の相場でも自信を持って取引ができるようになります。

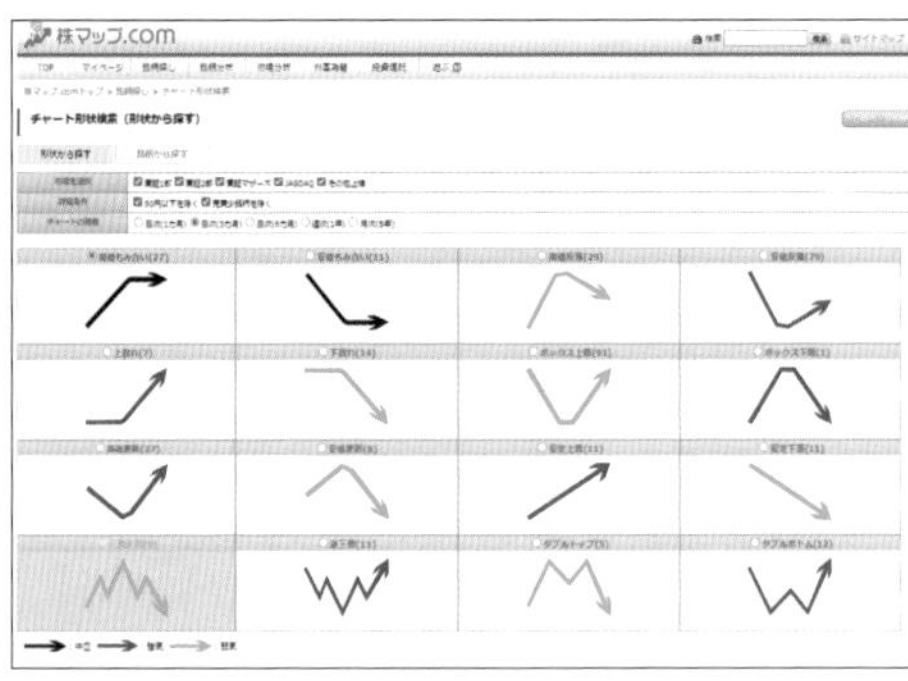

「株マップ」のチャート形状検索のページ(https://jp.kabumap.com/servlets/kabumap/Action?SRC=chartShape/base)では、チャートの形状から銘柄を探せる。

6章

テクニカル分析で今後の値動きを予測する

テクニカル分析にはトレンド系指標とオシレーター系指標があります。移動平均線を中心に、指標の使い方を紹介します。

テクニカル01

2種類のテクニカル指標 トレンド系とオシレーター系

初心者にオススメなのはトレンド系の指標

テクニカル分析に用いる指標にはさまざまな種類がありますが、それらは大きく「トレンド系」と「オシレーター系」の2種類に分けることができます。

トレンド系の指標は現在のトレンドの向きや強さなどを測るのに適した指標です。ローソク足だけではわかりにくい、**トレンドの始まりや終わりをとらえやすくなり、順張りでの売買タイミングをつかみやすくなります**。おもなトレンド系指標は、移動平均線、ボリンジャーバンド、一目均衡表などです。

テクニカル指標の分類

トレンド系指標

ローソク足に重ねて表示するものが多い。トレンドの始まりや終わり、勢いがとらえやすく、順張りでの取引に有効な指標

オシレーター系指標

ローソク足の下に表示するものが多い。現在の株価の水準にかかわらず、その銘柄が買われすぎか売られすぎかを判断でき、逆張りに有効な指標

視覚的にわかりやすいトレンド系

［みずほフィナンシャルグループ（8411） 日足 2019年9月～2020年8月］

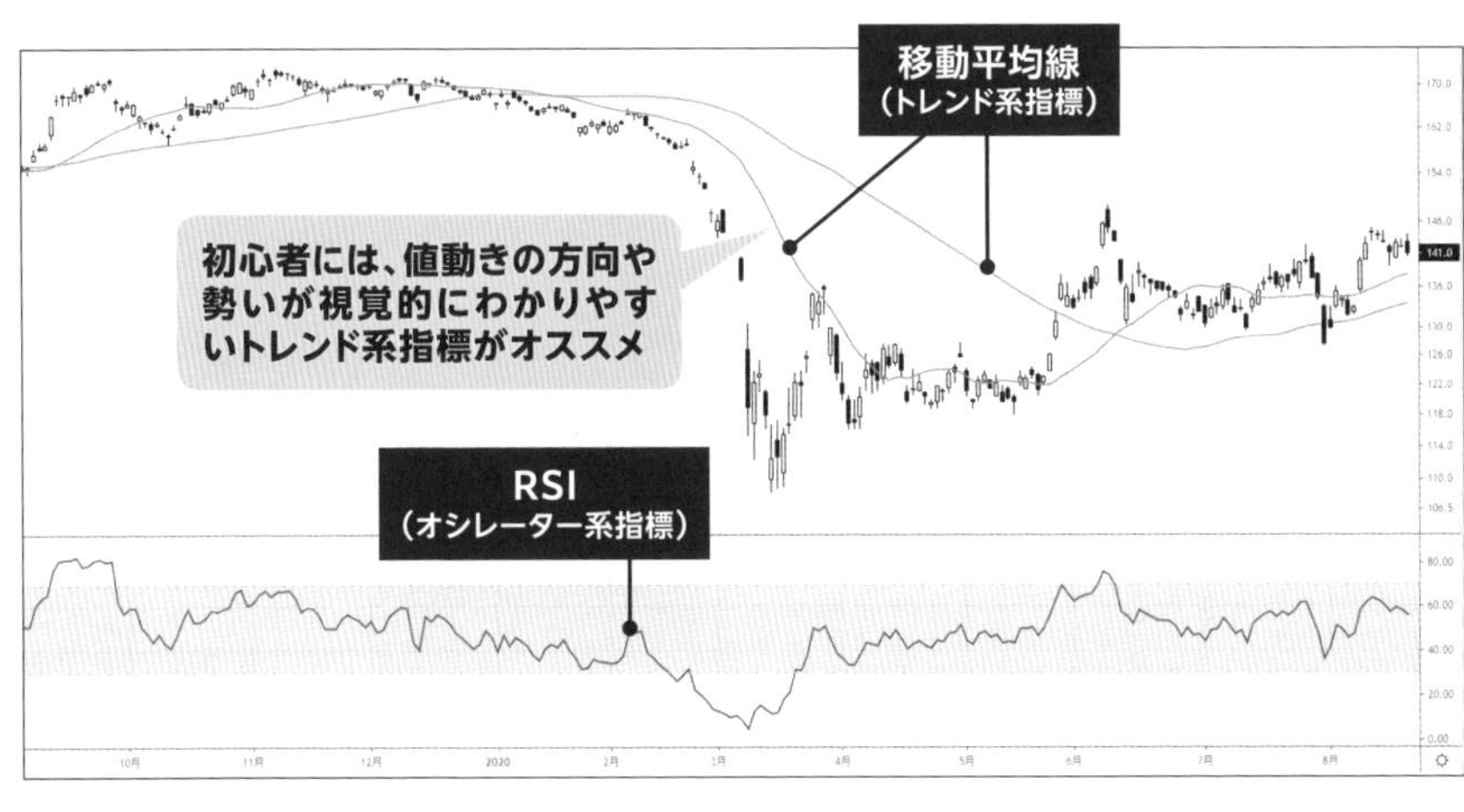

オシレーター系の指標は、現在の株価の水準にかかわらず、**その銘柄が買われすぎか売られすぎかを判断するのに適した指標です**。買われすぎ、売られすぎがわかると、その後に反対の売買が行われ値が動くことが予想できるので、逆張りの売買サインとして使えます。おもなオシレーター系指標は、RSI、ストキャスティクス、移動平均線乖離率などです。

初心者にオススメなのはトレンド系指標です。オシレーター系の逆張りは応用的な側面が強いため、まずは値動きがつかみやすいトレンド系を使ってみるとよいでしょう。

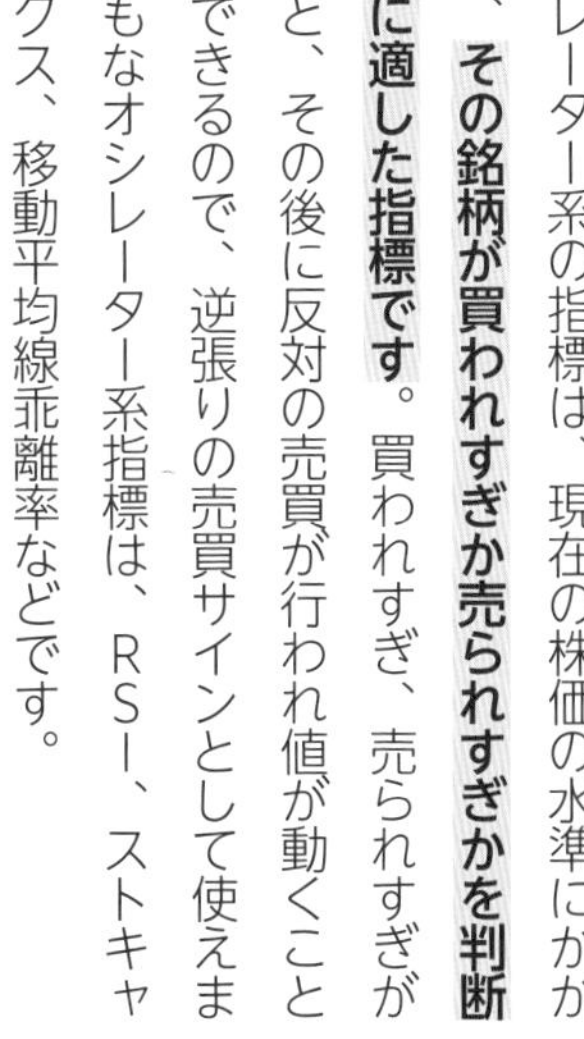

普段はトレンド系指標
普段はトレンド系指標だけでも十分ですが、コロナショックのときのようなパニック売りの際にはオシレーター系指標を使うと、より安心して買えるでしょう

テクニカル02

初心者が見るべきトレンド系指標は移動平均線

移動平均線は値動きをある期間ごとに平均したもの

前のページで初心者にオススメなテクニカル分析の指標はトレンド系だと説明しました。ここでは、そのなかでもどの指標を使うとよいのかを説明します。

トレンド系指標にも、移動平均線やボリンジャーバンド、一目均衡表、ＭＡＣＤ（マックディー）などありますが、初心者にオススメなのが移動平均線です。

まず、移動平均線は簡単にいうと、株価をある期間ごとに平均したラインです。**長い期間での値動きが見やすくなり、細かい値動きに左右されにくくなります。**

ボリンジャーバンドは移動平均線と標準偏差を利用したもので、株価の変動の勢いを見られます。

一目均衡表は、過去の最高値や最安値などを用いた5本の線を利用する指標で、相場のバランスを可視化できます。しかし、非常に多くの使い方があり、チャート内の情報量が多いため、上級者向けの指標です。

MACDは移動平均線を発展させたもので、トレンドをとらえるのに適した指標です。

移動平均線はトレンド系指標の基本となる指標

ほかにも、いくつかトレンド系の指標がありますが、

フィボナッチ　ある期間の高値と安値の間の38.2%、50%、61.8%に線を引き、支持線、抵抗線とする手法

オススメは移動平均線

オススメはしくみがわかりやすく、利用している人も多い
移動平均線

おもなトレンド系テクニカル指標

- 移動平均線
- ボリンジャーバンド
- 一目均衡表
- MACD
- フィボナッチ
- パラボリック
- エンベロープ

など

移動平均線はさまざまなテクニカル指標の基本となる指標です

そのなかで移動平均線をオススメするのは、**移動平均線がトレンド系指標の基本となる指標**だからです。ボリンジャーバンドもMACDも、移動平均線を利用したり、応用したりしたものになります。そのため、移動平均線が扱えるようになってから取り入れるのがよいでしょう。

また、移動平均線は使っている投資家が多く、移動平均線を意識した値動きをするケースもあります。加えて、投資を始めたばかりのときは、一度の値動きに一喜一憂してしまいがちなので、長い目で相場を冷静に見られるという点も大きなメリットです。

迷ったら冷静に判断

ローソク足と移動平均線の見方だけ家族に教えて、株の方向性に迷いが出たときに見てもらっています。欲のない目で冷静に判断してもらえます

パラボリック　SAR(ストップ&リバースポイント)と呼ばれる放物線を用いた指標。SARとローソク足が交差するポイントが売買タイミングになる

テクニカル 03

もっとも多くの人が使う指標 移動平均線

日足でよく使われるのは5日、25日、75日の移動平均線

ここからは移動平均線についてくわしく説明します。移動平均線とは株価の終値をある期間ごとに平均し、線でつないだものです。「ある期間」はチャートの機能で自由に設定できる場合が多いですが、ローソク足の期間によって、よく使われる期間が存在します。

日足の場合は5日、25日、75日がおもに使われています。それぞれ、5日移動平均線、25日移動平均線、75日移動平均線と呼ばれます。同様に、週足では13週、26週、52週が、月足では12カ月、24カ月、60カ月がよく使われています。

どの期間に設定しても長期間の値動きは掴めますが、使っている人が多いということは、それだけその移動平均線を意識した値動きが起こりやすいということです。そのため、よく使われる期間に設定することは移動平均線を見るうえで重要な要素になります。

移動平均線はおもにトレンドをとらえるために使うものなので、設定する期間を長くすると、長い期間におけるトレンドをとらえられるようになります。直近の株価がぱっと見は値下がりしていそうに見えても、75日などの長期の移動平均線を見ると、上向きで上昇トレンドを示していることがあるのです。

移動平均線でトレンドがわかる

[ゆうちょ銀行(7182) 日足 2019年6月〜12月]

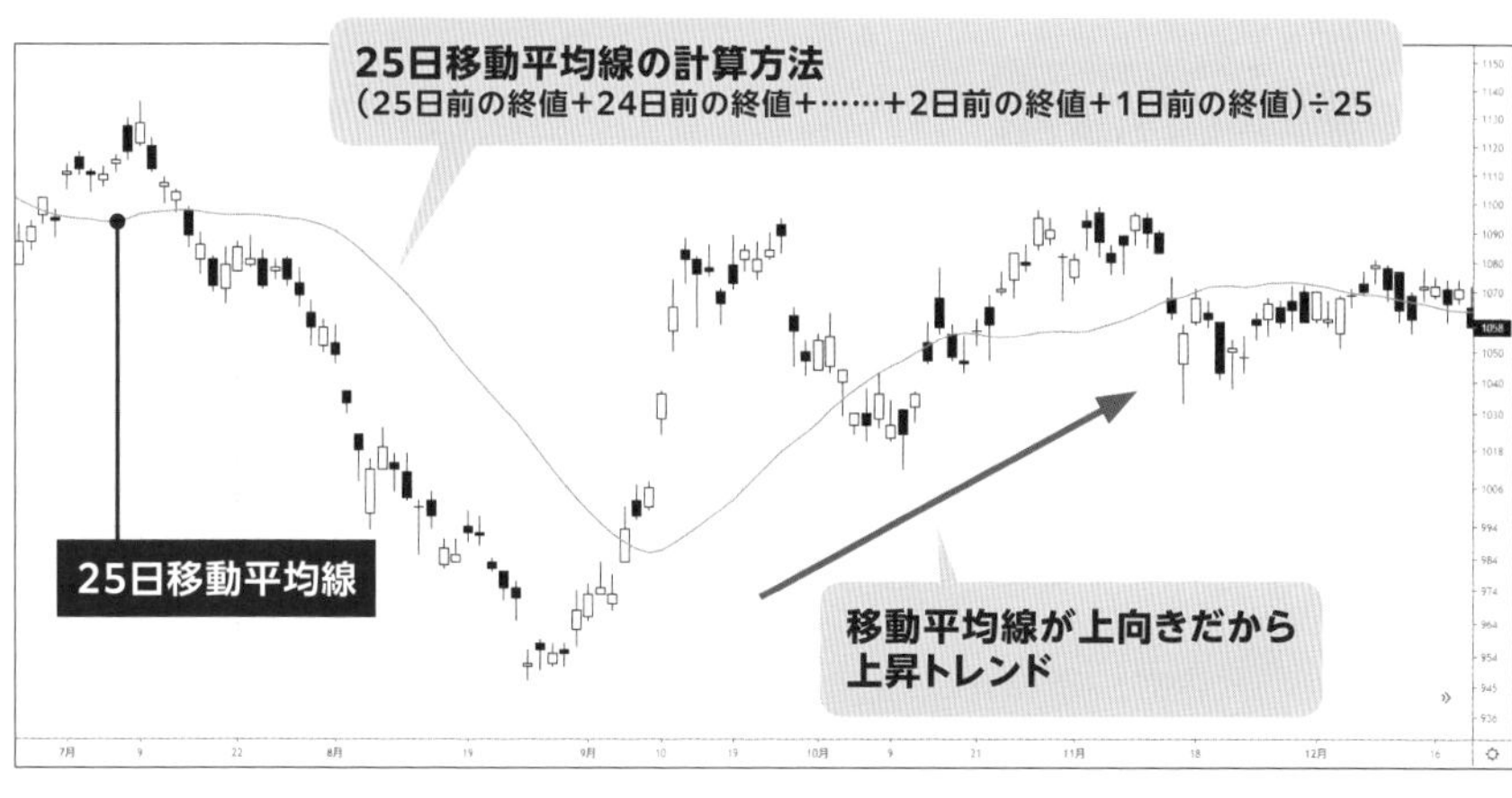

ローソク足が移動平均線を上抜けたら買いサイン

移動平均線の使い方は、トレンドの確認以外にもありますが、そのなかでも**オススメは25日移動平均線をローソク足が上抜けたら買うという手法です。**

移動平均線は過去の株価の平均なので、**ローソク足が25日移動平均線の下を推移しているということは、直近25日間の平均より現在の株価が低い状態です。**つまり下落相場を示していることになり、逆に株価が移動平均線を上抜けることは、下落相場から上昇相場に変わったことを意味するのです。

しかし、移動平均線を上抜けても、すぐに下抜けして下落相場に戻るということはよくあります。ここで重要なのは移動平均線の向きです。移動平均線が下向きで下降トレンドを指している場合、たとえローソク足が上抜けしても大きな流れとしては下落傾向にあるので、すぐに戻ってしまいます。

したがって、**買いのサインになるのは、「横向きか**

移動平均線の売買サイン

[楽天(4755)　日足　2018年11月～2019年9月]

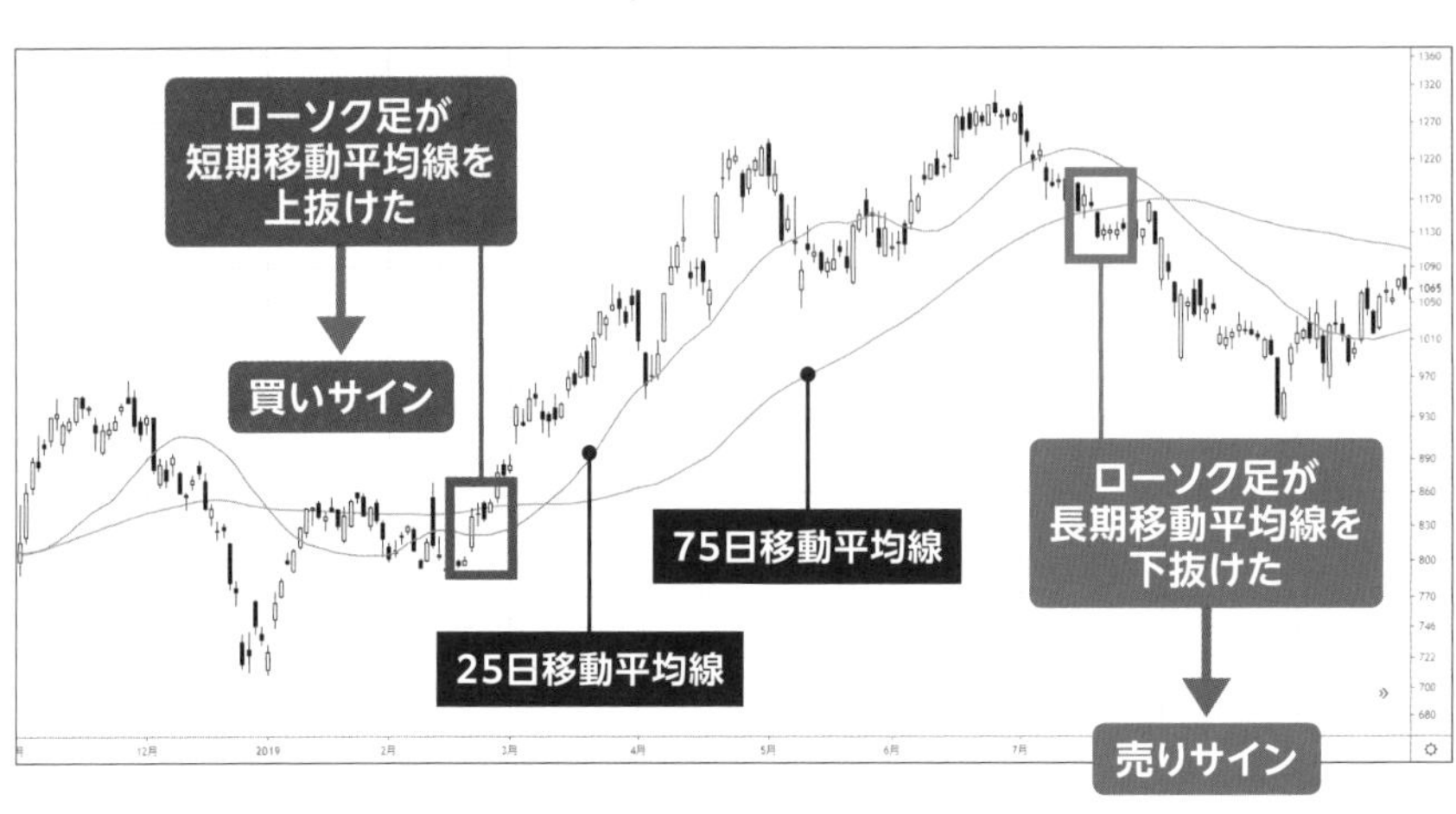
ローソク足が
短期移動平均線を
上抜けた
買いサイン
25日移動平均線
75日移動平均線
ローソク足が
長期移動平均線を
下抜けた
売りサイン

上向きの25日移動平均線をローソク足が上抜けたとき」です。このとき、大きな出来高をつけて上抜けていると、多くの投資家が買いと考えていることになるので、強い買いサインになります。

反対に、売りサインを見るときは75日などの長期移動平均線を使います。買いポジションを持っているときに、ローソク足が長期移動平均を下抜けたら売りのサインとします。

25日などの短期移動平均線より反応が遅いため、天井をついたときはある程度の利幅を逃してしまいますが、押し目で売ってしまうリスクは避けられます。

最近の値動きに重点をおいた移動平均線もある

実は、移動平均線にも「加重移動平均」や「指数平滑移動平均」などいくつか種類があります。

単に移動平均線と呼ぶ場合は「単純移動平均」を指すケースが多いです。ほかの移動平均線と区別する場合、英語のSimple Moving Averageを略して、「S

押し目　上昇トレンドのなかで株価が一時的に値下がりすること。そのタイミングで買いを入れることを「押し目買い」という

3種類の移動平均線の比較

[楽天(4755)　日足　2019年4月～6月]

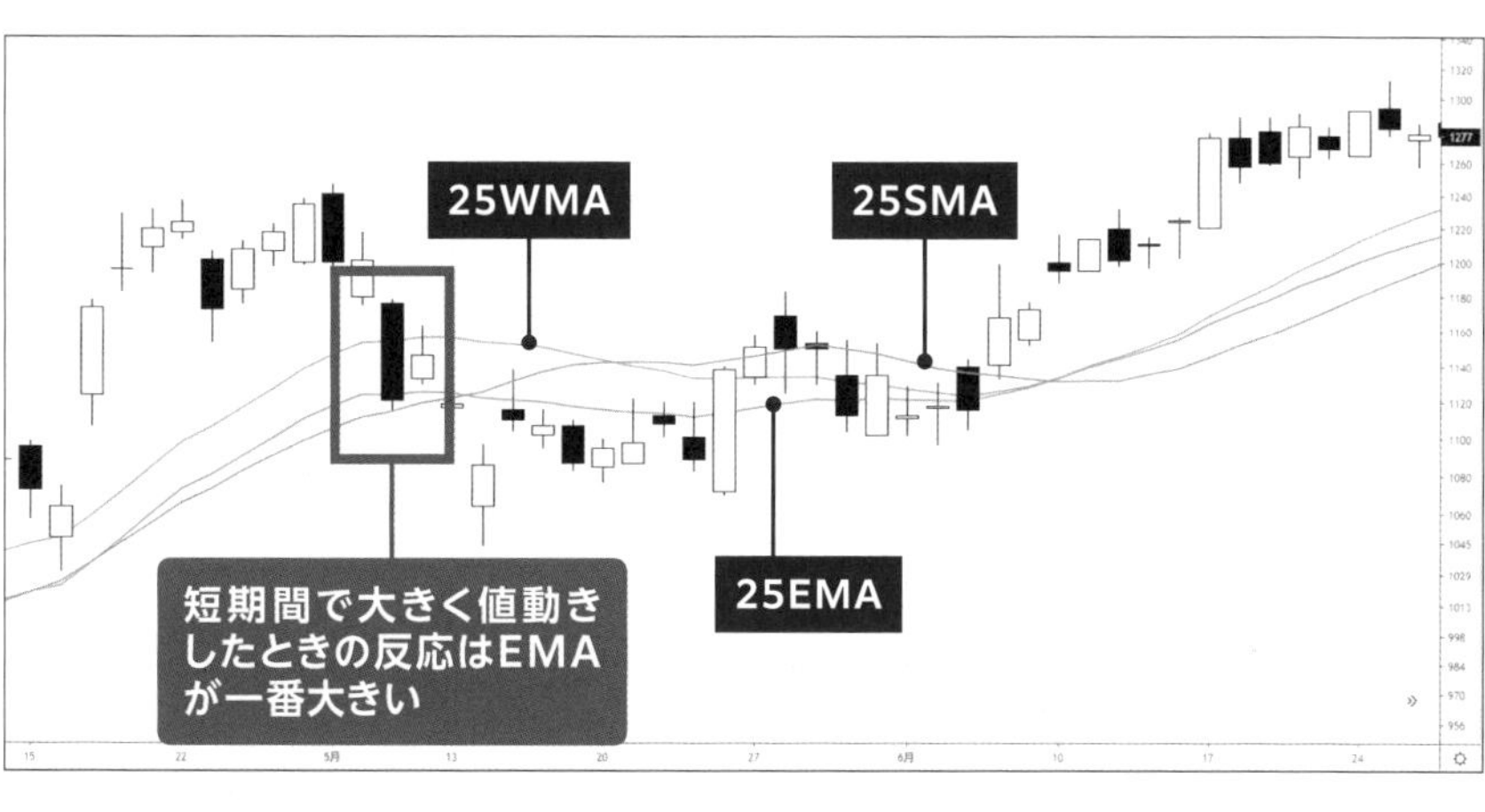

25WMA
25SMA
25EMA
短期間で大きく値動きしたときの反応はEMAが一番大きい

MA」あるいは「MA」呼ばれています。

加重移動平均は「WMA（Weighted Moving Average）」とも呼ばれ、期間が5日では、5日目を5倍、4日目を4倍、3日目を3倍……にして計算します。最近の株価ほど影響が大きい移動平均線です。

指数平滑移動平均は「EMA（Exponential Moving Average）」と呼ばれ、直近の価格を2倍にして計算したものです。WMAよりさらに直近の値動きに重点を置いた移動平均線になります。

以降、単に移動平均線という場合はSMAを指すものとします。

長期と短期の並び方

上昇トレンドでは移動平均線が上から短期、長期の順で並び、下降トレンドでは逆になります。長期と短期が近づいたら、売買タイミングを意識しましょう

テクニカル 04

複数の移動平均線でより強いトレンドを見る

異なる向きの移動平均線

[楽天(4577)　日足　2019年5月〜2020年2月]

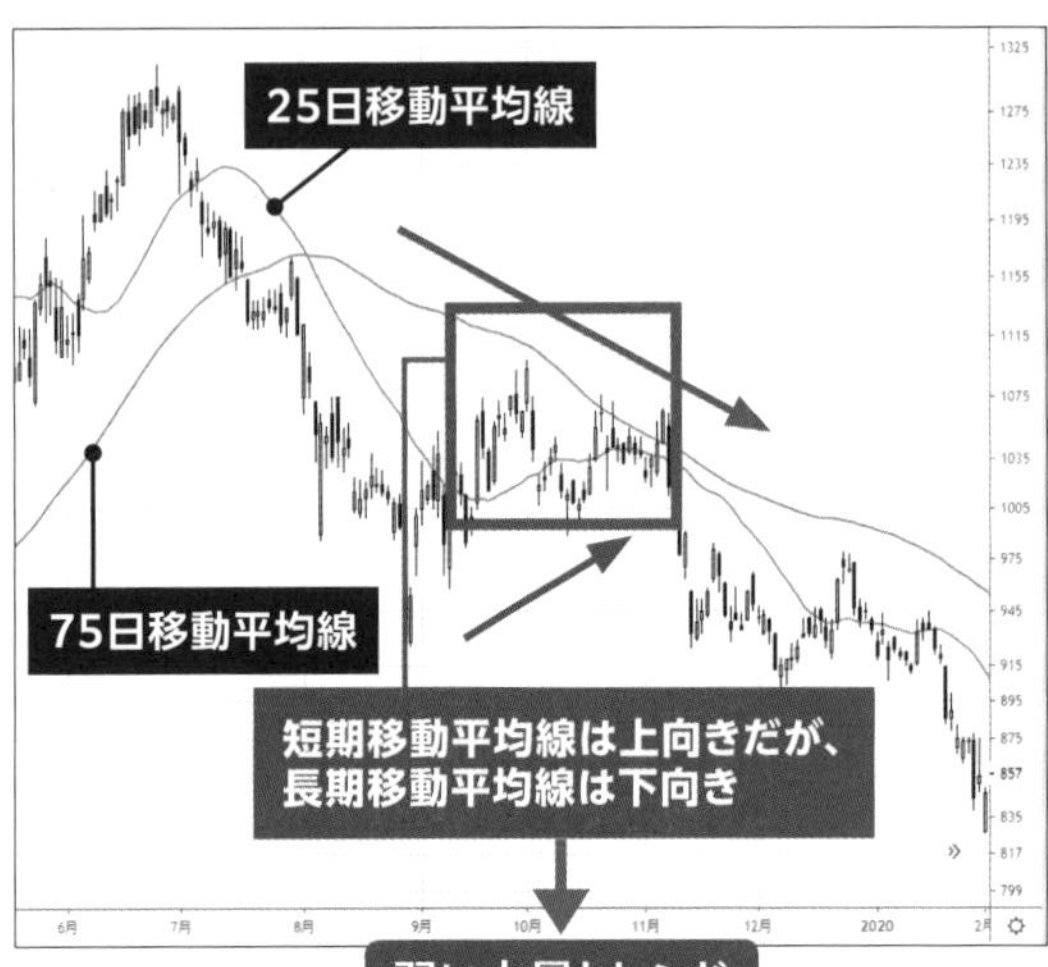

25日移動平均線
75日移動平均線
短期移動平均線は上向きだが、
長期移動平均線は下向き
弱い上昇トレンド

強いトレンドは複数の移動平均線が同じ方向を向いている状態

複数の移動平均線のトレンドを見ると、トレンドの強さがわかります。

たとえば、短期の移動平均線が上向きでも、長期の移動平均線が下向きという場合、この上昇トレンドは下降トレンドのなかにあることになります。要するに、上昇は長くは続きません。

したがって、**強いトレンドとは、複数の移動平均線が同じ方向を向いている状態ということになります。**

たとえば、買いのポジションを持っている状況だと、

同じ向きの移動平均線

［ソニーグループ（6758）　日足　2019年2月〜2020年5月］

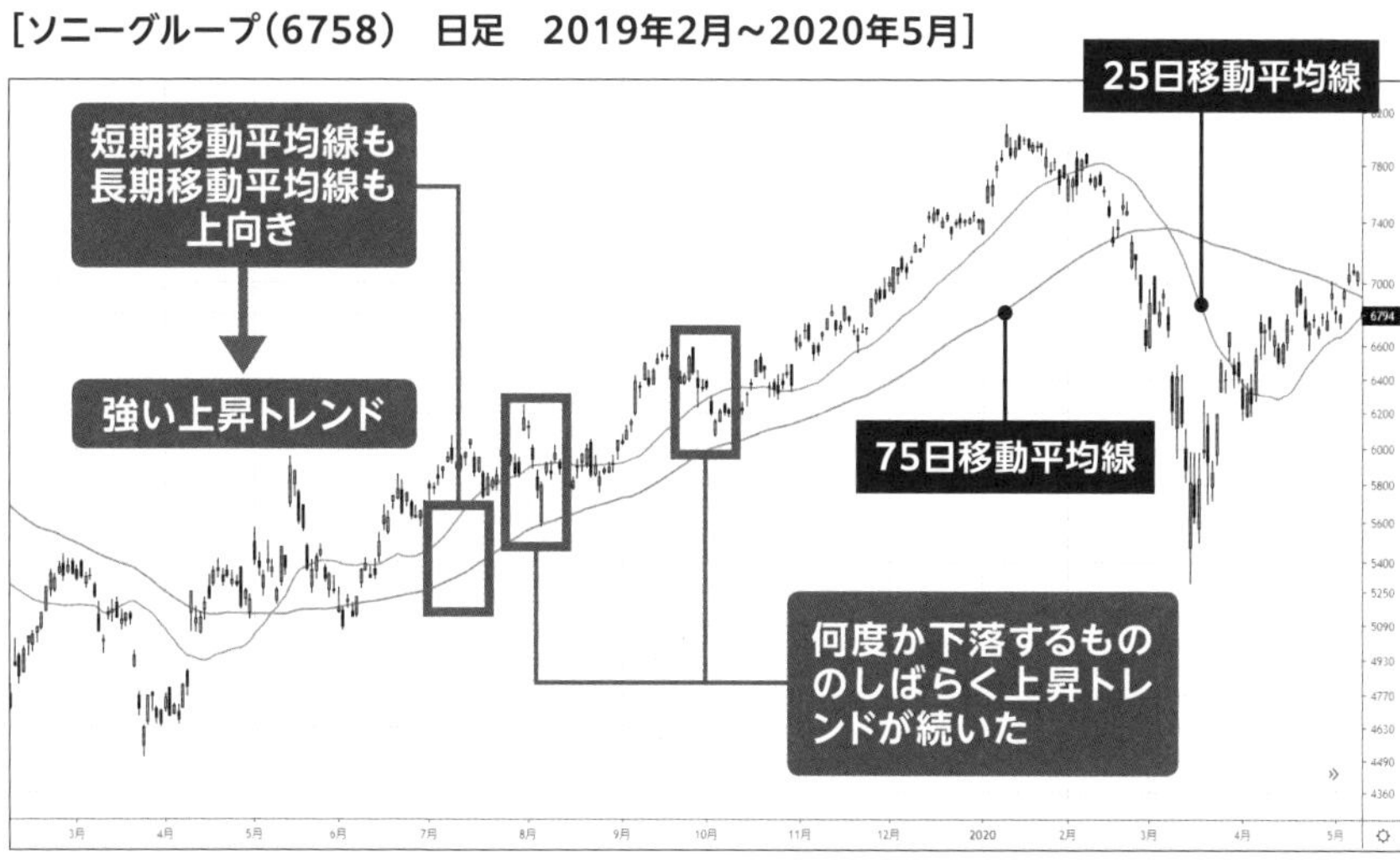

短期移動平均線も
長期移動平均線も
上向き
強い上昇トレンド
25日移動平均線
75日移動平均線
何度か下落するもの
のしばらく上昇トレ
ンドが続いた

陰線が続いて下落の気配が感じられると売りを考えます。しかし、短期と長期の移動平均線が上向きならまだ、焦る状況ではないということです。

ここで注意したいのが、不祥事などによる下落です。明確な下げ要因がある場合は、短期間に株価が急落することがあります。その場合、それまで上昇トレンドであっても急に下落トレンドに転換することもあります。移動平均線は、そういった事態においては反応が悪い指標です。

複数の移動平均線でトレンドを見つつ、企業の大きなニュースには注目しておくとよいでしょう。

長期線は割らない

短期線と長期線がともに上向きの強い上昇トレンドでは、株価が下がっても長期戦を割ることはまずないですが、両方下向きのときは下げ幅の見当がつきません

テクニカル05

ローソク足が移動平均線に触れたら売買のサイン

フィットする移動平均線

上昇トレンドにおいて株価が下がり、ローソク足が移動平均線に近づく

移動平均線で反発する	移動平均線を下抜ける
↓	↓
押し目	下降トレンド

その銘柄で意識されている移動平均線を、フィットする移動平均線といいます

移動平均線は支持線や抵抗線としても使われる

移動平均線にはトレンドを見る以外にも、支持線や抵抗線として使われています。

移動平均線は過去の値動きを平均したものなので、上昇トレンド、つまり移動平均線が上向きを指している状況では、値動きに多少の上下があろうと平均値は上昇し続けているということです。

上昇トレンドの場合、基本的にローソク足は平均値を上回るので、移動平均線の上を推移します。そのため調整が入り値下がりするときは、ローソク足が移動

移動平均線を意識した値動き

[平和不動産(8803) 日足 2020年4月～8月]

平均線に近づいていくということです。

このとき、**移動平均線が抵抗線として意識されることで、ローソク足が移動平均線に触れたところで反発します**。移動平均線が依然として上向きであれば、その後も上昇トレンドが続くと考えられるので、この反発した瞬間が押し目買いのタイミングになります。

一方、移動平均線に触れたローソク足が反発せずに下抜けた場合、そのまま下降トレンドになる可能性があります。下抜けるということは、過去の平均値を下回ることなので、値動きの傾向に変化がしたことの現れです。つまり、売りのサインになります。

長期線でダマシが減る

上昇トレンドで押し目買いするときは、短期線だけでなく長期線も一緒に見るとよいです。ダマシが少なくなり、売りサインも見逃しにくくなります

テクニカル06

長期移動平均線を見て相場観を鍛える

移動平均線が示す期間

移動平均線	およその期間
5日移動平均線	1週間
25日移動平均線	1カ月
75日移動平均線	3カ月
100日移動平均線	半年
200日移動平均線	1年

200日移動平均線を見ると、最近1年間における企業に対する投資家の評価がわかる

200日移動平均線は直近の約1年間の株価の平均

移動平均線を使うと売買タイミングを計るだけでなく、相場観を鍛えることもできます。

日足でよく使われるのは5日、25日、75日と紹介しましたが、100日や200日に設定して使うこともあります。特に、200日移動平均線は直近の約1年間の株価の平均であり、参考にしている投資家は多いです。

より長期の移動平均線を見ることは、より大きな値動きの傾向を見ることであり、中長期的な企業の景気

200日移動平均線で大きな流れを見る

[サンドラッグ(9989) 日足 2019年12月〜2020年8月]

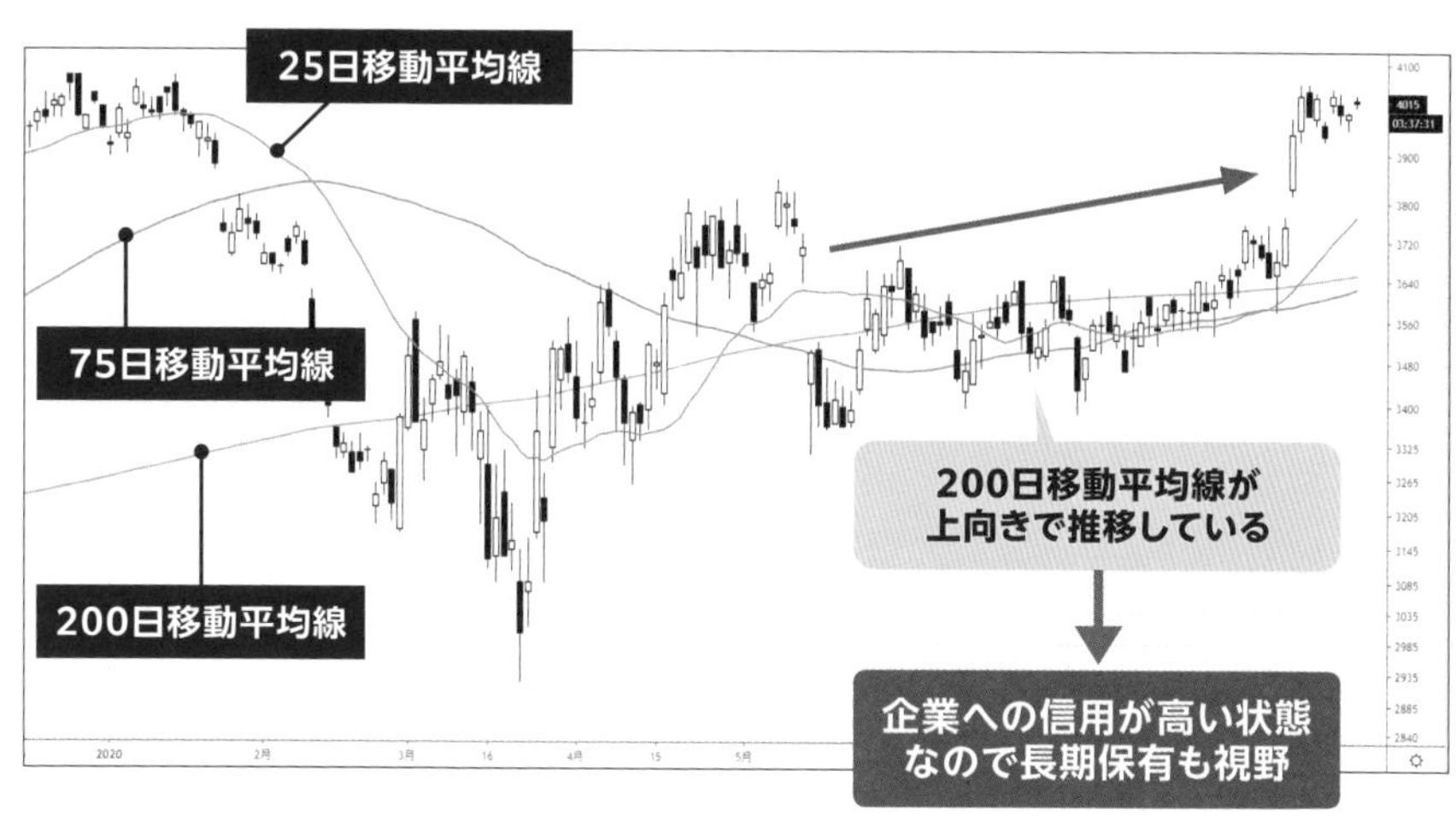
25日移動平均線
75日移動平均線
200日移動平均線
200日移動平均線が
上向きで推移している
企業への信用が高い状態
なので長期保有も視野

を測る材料にもなります。

200日移動平均線が上向きであれば、1年を通して買いの気配が強かったことを表すので、会社への信用が高い状態といえます。逆に、下向きになれば企業への信頼が失われているともとれるのです。

投資をするうえで、ほかの投資家がどう考えているかは重要です。チャートを見るときは長期移動平均線を表示して、細かい値動きに左右されることなく、株価の大きな流れやほかの投資家の動きをつかみましょう。そうした情報のなかで取引を繰り返すことで、相場観を鍛えられます。

日経平均の長期線

リーマンショックのとき、日経平均の長期線は下向きで7000円台まで下がりましたが、コロナショックでは上向きだったので1万6000円で止まりました

テクニカル07

複数の移動平均線で戦略を立てる

パーフェクトオーダーとは

上昇のパーフェクトオーダー

3本の移動平均線がすべて上向きで、上から短期、中期、長期の順に並んでいる状態

▼

かなり強い上昇トレンド

下落のパーフェクトオーダー

3本の移動平均線がすべて下向きで、上から長期、中期、短期の順に並んでいる状態

▼

かなり強い下降トレンド

パーフェクトオーダーはかなり強いトレンドのサイン

130ページで複数の移動平均線が同じ方向を向いていれば、強い上昇トレンドを示すと説明しましたが、なかでも短期、中期、長期の3本の移動平均線が同じ方向を指しているものを「パーフェクトオーダー」といいます。

パーフェクトオーダーはかなり強いトレンドを示し、上向きなら強い買いのサイン、下向きでは強い売りのサインになります。

まず上昇のパーフェクトオーダーですが、これは上

パーフェクトオーダーの使い方

[リバーエレテック(6666)　日足　2019年8月～2020年4月]

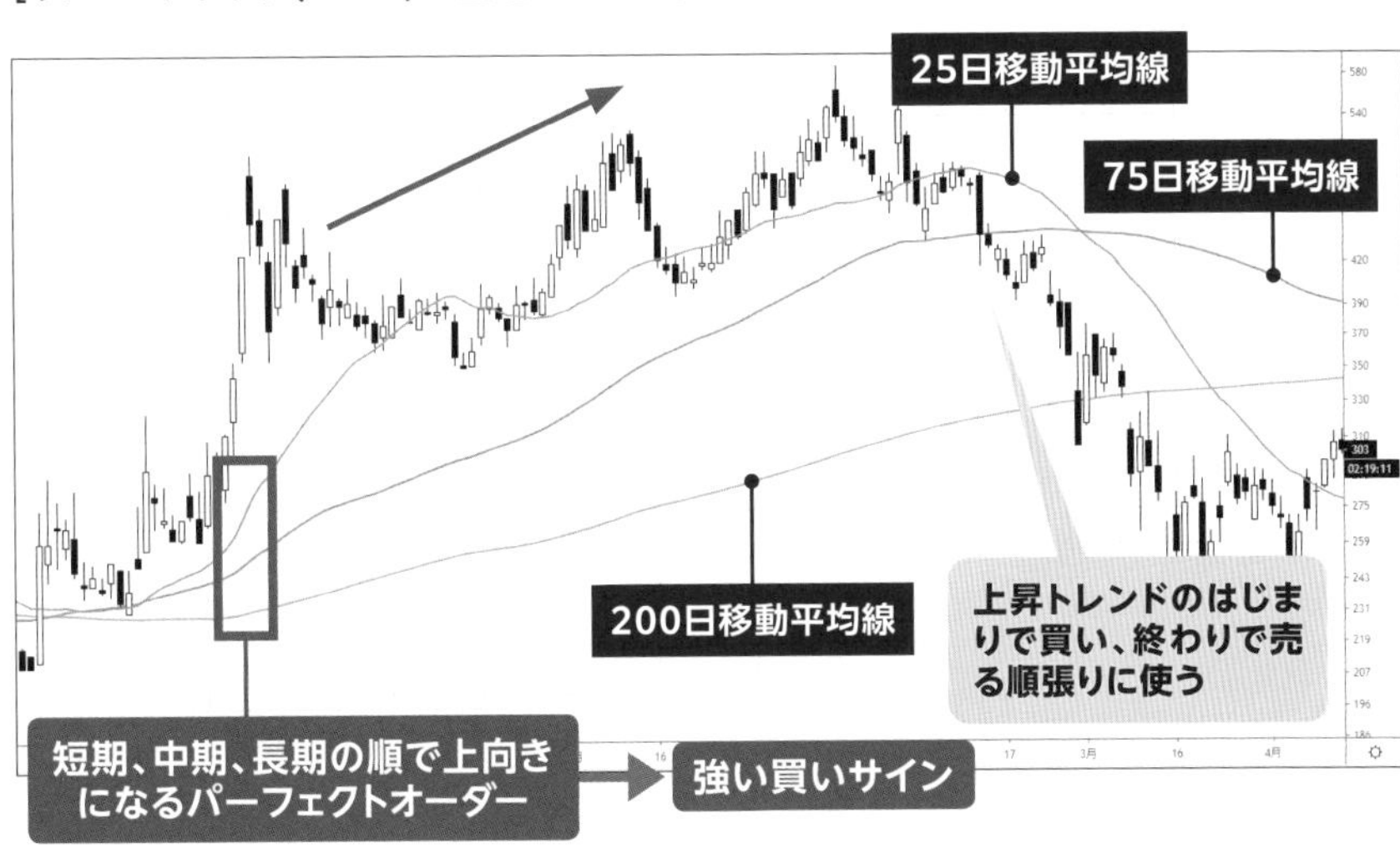

25日移動平均線
75日移動平均線
200日移動平均線
上昇トレンドのはじまりで買い、終わりで売る順張りに使う
短期、中期、長期の順で上向きになるパーフェクトオーダー
強い買いサイン

から短期、中期、長期の順に上向きで並んでいる状態です。この順番でなくても上昇トレンドには変わりありませんが、長期より中期が上にあり、さらにその上に短期があるということは、株価が順調に値上がりしているということになります。すなわち、より上昇の勢いが強いということです。

次に下落のパーフェクトオーダーですが、上昇とは逆に上から長期、中期、短期の順に下向きで並んでいるものを指します。最近になればなるほど株価が下がっていることになるので、下落の勢いが強いことを示しています。

パーフェクトオーダーを売買サインとして取引する際に重要なのは、パーフェクトオーダーが出た瞬間を狙うことです。いくら強い上昇トレンドでも、いずれは終わるので、乗り遅れると高値掴みになることがあります。

戦略としては、上昇のパーフェクトオーダーが出たら買い、上昇が終わったら売るという順張りで利用するのが基本です。

高値掴み　買ったすぐあとに上げどまり、相場の高値でポジションを持ってしまうこと。そのなかでも一番高いところで買ってしまうことを「天井掴み」という

強い上昇トレンドの押し目で買う

[神戸物産(3038)　日足　2019年7月～2020年5月]

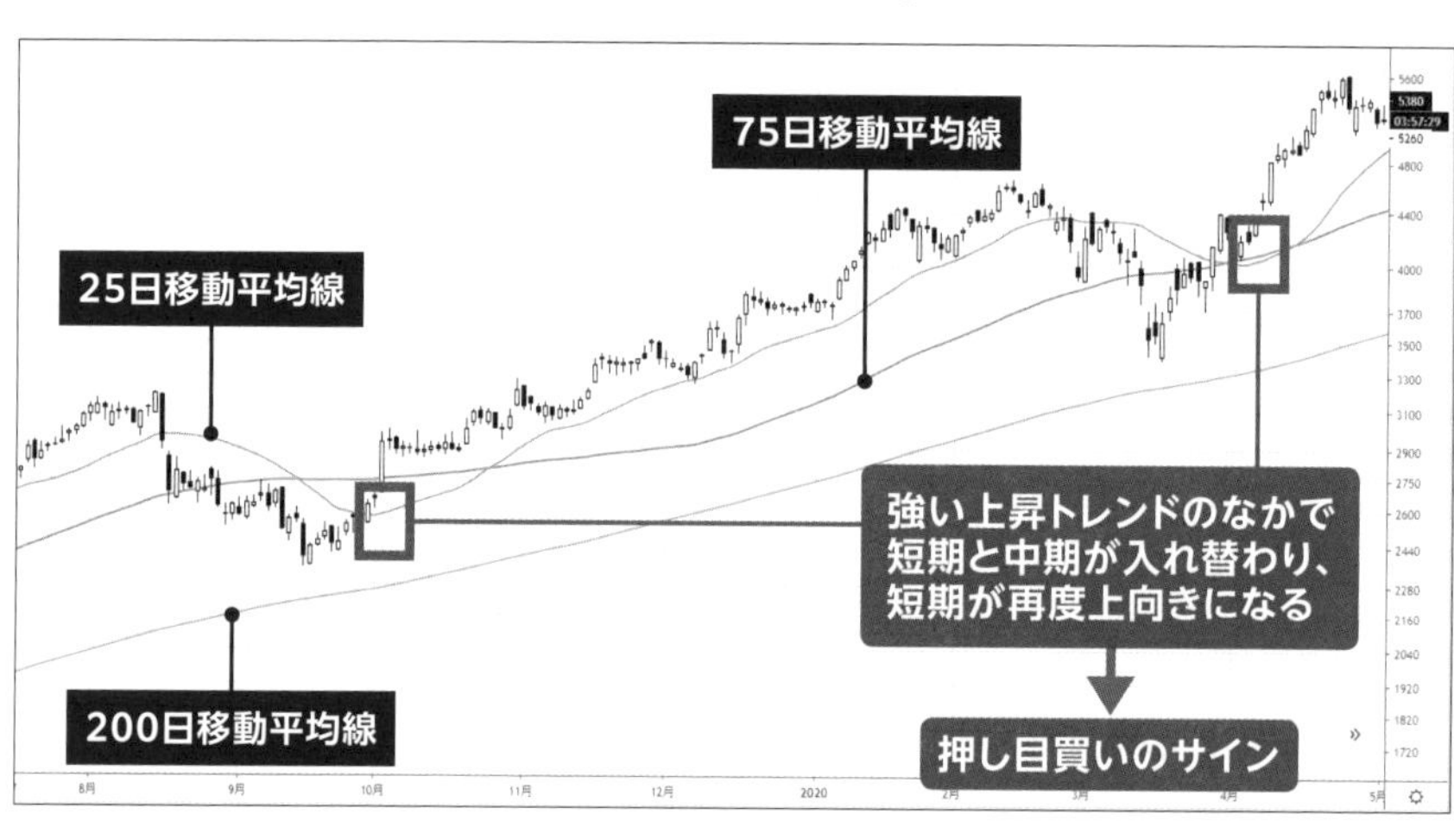
75日移動平均線
25日移動平均線
200日移動平均線
強い上昇トレンドのなかで
短期と中期が入れ替わり、
短期が再度上向きになる
押し目買いのサイン

移動平均線が絡み合うときは手を出さずに様子を見る

複数の移動平均線を用いることで、上昇トレンドのなかの押し目を見つけることもできます。132ページでは移動平均線にローソク足が触れたタイミングを押し目としましたが、ここでは複数の移動平均線の順番に注目します（上図参照）。

上昇トレンドにおいて、上から短期、中期、長期の順番に並んでいればパーフェクトオーダーですが、そのなかでも株価は多少上下します。そして、その下がったところで、短期の移動平均線が中期の移動平均線より下になることがあります。ここが押し目です。

強い上昇トレンドのなかなので、少し値下がりしてもすぐに上昇に戻ります。そのため、**短期の移動平均線が下向き、あるいは横ばいから再び上昇に戻る瞬間が押し目買いのタイミングです**。

うまく押し目買いができれば、上昇トレンドの途中

移動平均線が絡み合う相場

[ソフトバンクグループ(9984)　日足　2019年2月~8月]

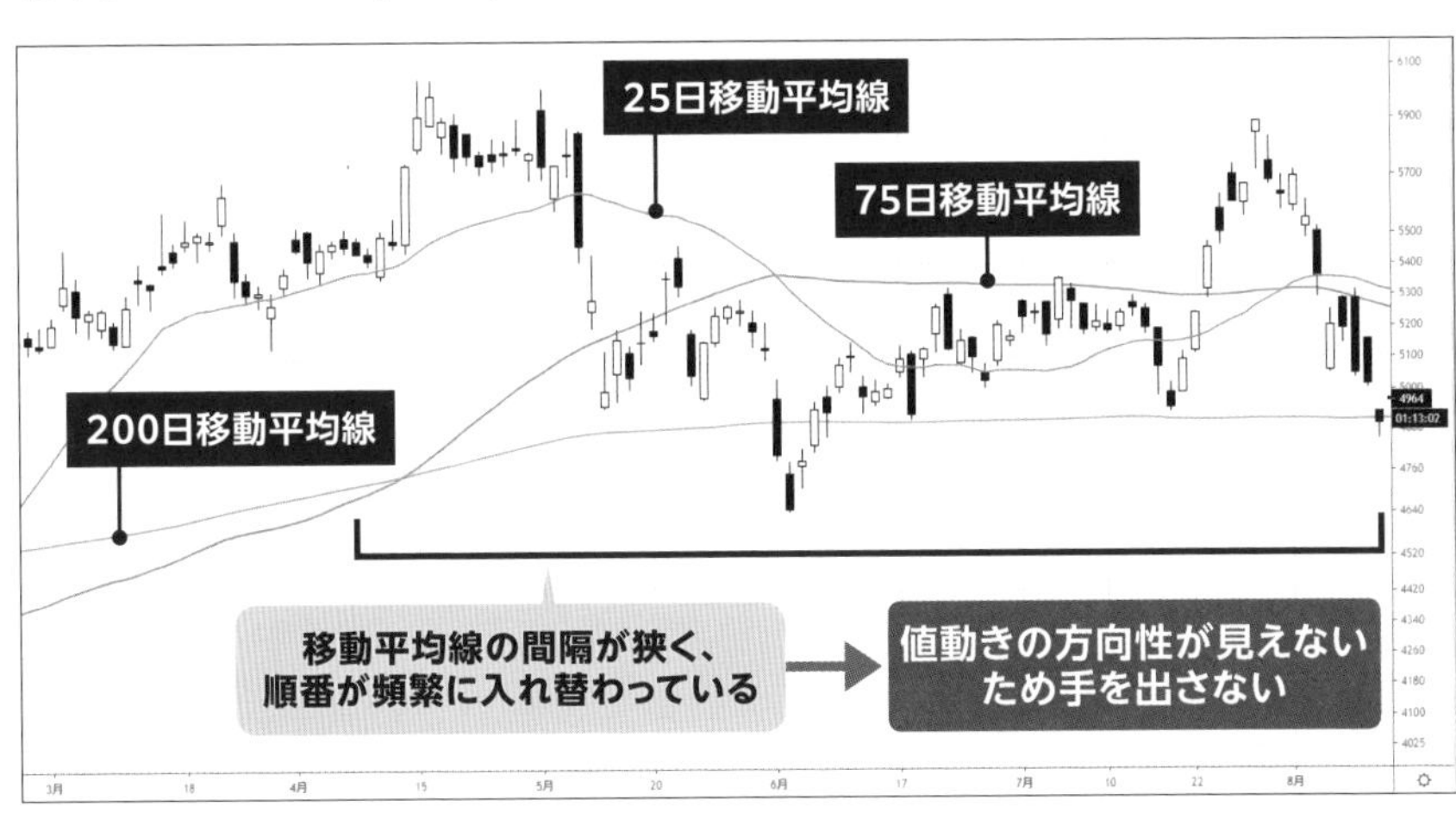
25日移動平均線
75日移動平均線
200日移動平均線
移動平均線の間隔が狭く、
順番が頻繁に入れ替わっている
値動きの方向性が見えない
ため手を出さない

でもポジションを持つことができるので、乗り遅れた場合でも利益を狙えます。

また、移動平均線の並びから、手を出さないほうがよい相場も見抜けます。短期、中期、長期、それぞれの移動平均線を見ると、上昇、横ばい、下落のいずれかのトレンドを常に示しています。しかし、それらがちぐはぐに絡み合っていることがあるのです。

頻繁に交差したり、間隔が近かったりしていると売買タイミングの判断がつきません。このような値動きの方向性がはっきりしない状態では下手にポジションをもたず、様子を見るのが賢明でしょう。

押し目買いに有効

パーフェクトオーダーが出たら、短期、中期、長期の移動平均線の順番が崩れても、「歩いて登れる山」のような緩やかな上昇トレンドの押し目に有効です

テクニカル 08

王道の買いサイン ゴールデンクロス

ゴールデンクロスの強弱

強いゴールデンクロス

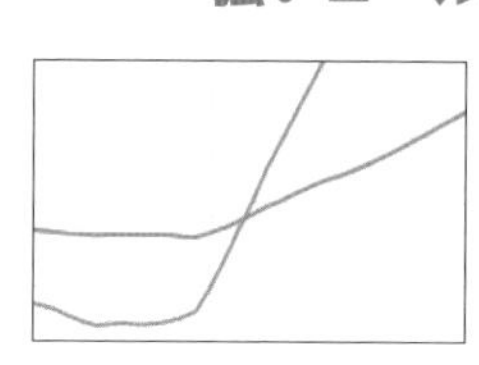

横向きか上向きの長期移動平均線を短期移動平均線が上回ると強い上昇トレンド

弱いゴールデンクロス

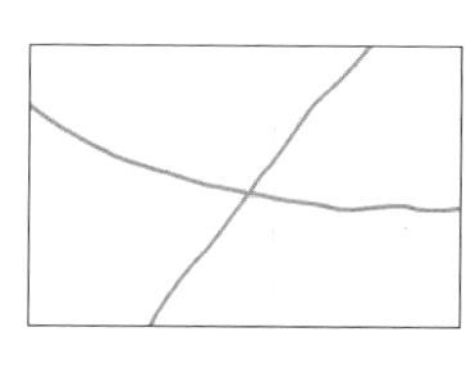

下向きの長期移動平均線を短期移動平均線が上回ると弱い上昇トレンド

ゴールデンクロスは上昇トレンドの始まり

さまざまある移動平均線を用いた売買サインですが、そのなかで王道ともいえるものが「ゴールデンクロス」と「デッドクロス」です。

ゴールデンクロスは短期の移動平均線が長期の移動平均線を上抜けることを指し、上昇トレンドの始まりを示唆する買いサインです。 なぜこれが買いのサインとなるのでしょうか。

ゴールデンクロスが発生する前は、短期移動平均線が長期移動平均線の下にあるわけですが、これは最近

ゴールデンクロスのあとの値動き

[メルカリ(4385)　日足　2020年2月～8月]

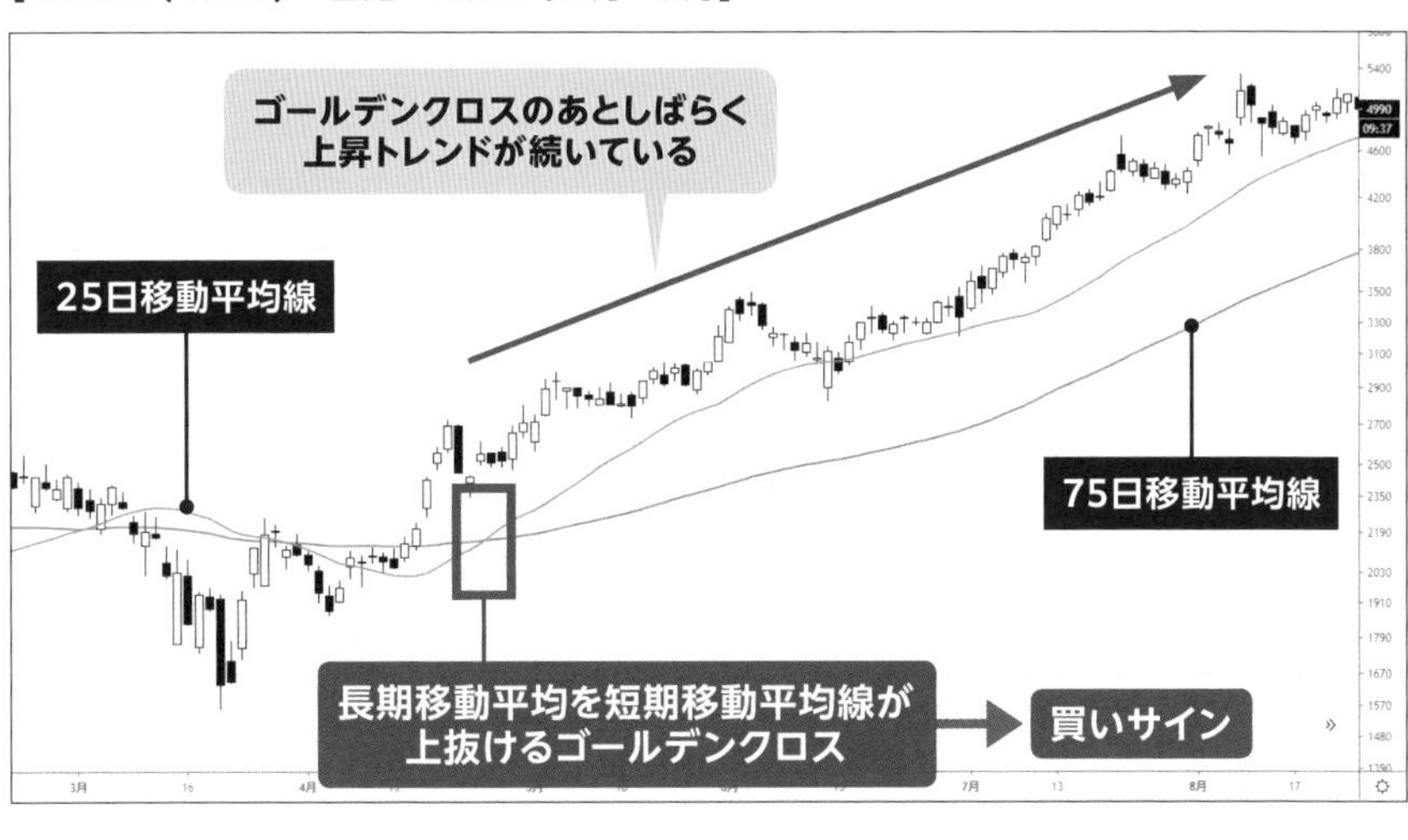
ゴールデンクロスのあとしばらく
上昇トレンドが続いている
25日移動平均線
75日移動平均線
長期移動平均を短期移動平均線が
上抜けるゴールデンクロス
買いサイン

の株価の平均より、過去の株価を含めた平均のほうが高いことになります。そのため、たとえ移動平均線が上向きだとしても安定的に上昇しているとはいいがたいということです。

短期移動平均線が長期移動平均線を上抜けると、その状態が反転し「安定的に上昇している」といえる状態になります。そのため、今後も上昇するだろうと考えられるので、買いのサインです。

ゴールデンクロスのなかにも、強いサインとなるものから弱いサインにしかならないものまで存在します。その判断の材料となるのは、移動平均線がクロスするときの角度です。

上抜けるときに短期移動平均線の角度が急であるほど強い上昇を示唆するので、そのまま買いサインの強さになります。また、長期移動平均線が下向きだと長期的には下落していることになるので、あまりよいゴールデンクロスとはいえません。横ばいか上向きの長期移動平均線を、角度をつけて短期移動平均線が上抜けるのが理想的です。

デッドクロスのあとの値動き

[日産自動車(7201)　日足　2019年3月～10月]

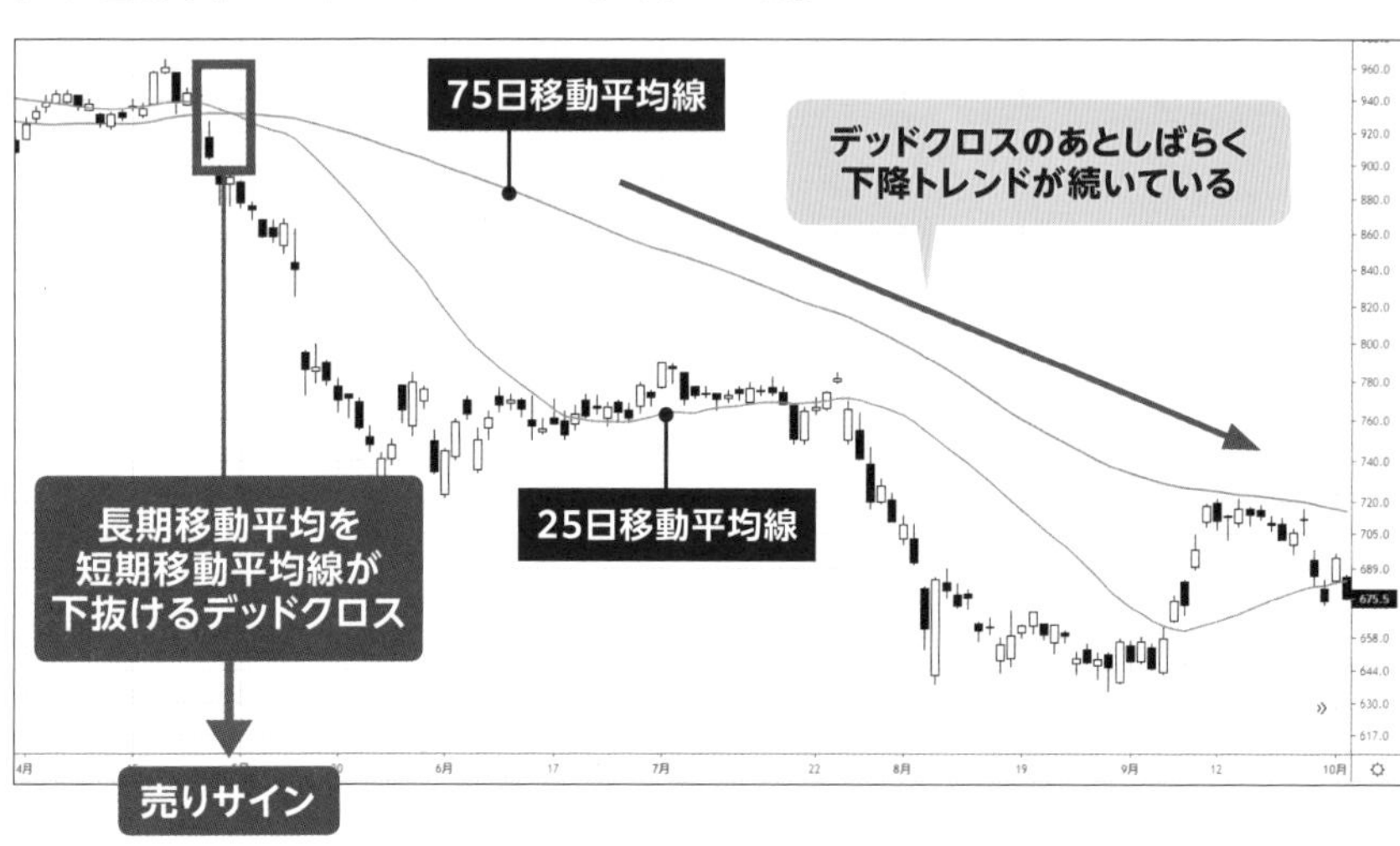

75日移動平均線
デッドクロスのあとしばらく
下降トレンドが続いている
長期移動平均を
短期移動平均線が
下抜けるデッドクロス
25日移動平均線
売りサイン

デッドクロスは下降トレンドの始まり

一方、**デッドクロスは短期移動平均線が長期移動平均線を下抜けることを指し、下降トレンドの始まりを示唆する売りサインです。**

デッドクロスもゴールデンクロスと同様に、移動平均線がクロスするときの角度によってサインの強さが変わります。下抜けるときの短期移動平均線が急なほど強いサインです。また、長期移動平均線が横ばいか下向きのときのデッドクロスのほうが、信憑性が高いといえます。

ゴールデンクロスはダマシが多いサイン

ゴールデンクロスやデッドクロスを使うときに注意したいのが、ダマシの多さです。ゴールデンクロスやデッドクロスは非常に有名なので、それだけ意識する投資家が多くなります。加えて、**予測しやすいサイン**

ゴールデンクロスのダマシ

[イグニス(3689)　日足　2019年5月～10月]

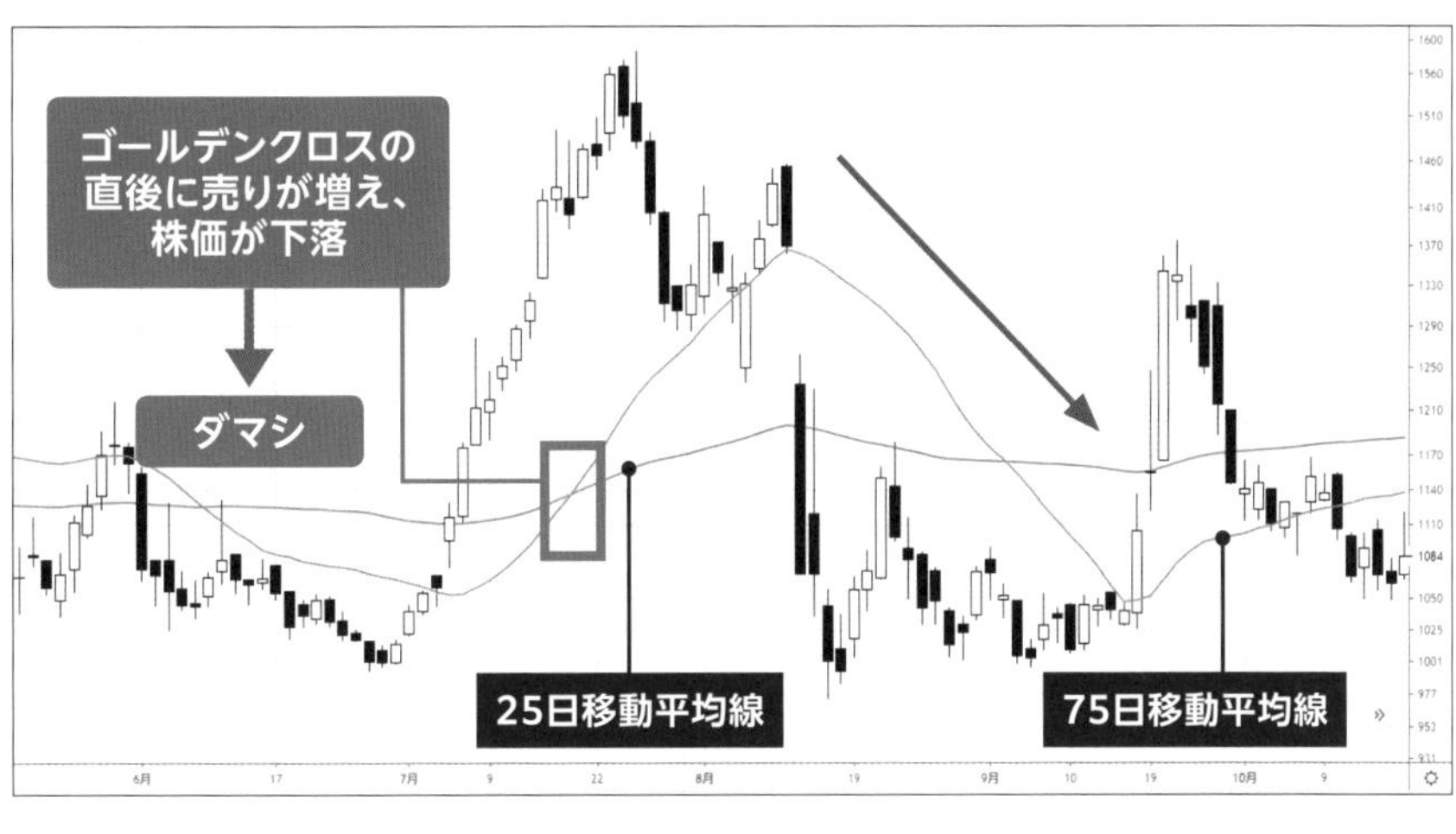
ゴールデンクロスの
直後に売りが増え、
株価が下落
ダマシ
25日移動平均線
75日移動平均線

なので、ゴールデンクロスが発生する前にすでに買っている投資家も多くいるのです。

そのため、ゴールデンクロスが発生したタイミングではすでにポジションを持っている投資家がいることになります。そうした投資家にとっては、ゴールデンクロスしたタイミングは安全に利確できるタイミングになります。

利確、つまり売りが増えると株価が下がるので、ダマシなるのです。ゴールデンクロス、デッドクロスを使う際は、ほかの指標と組み合わせて判断のひとつとして使うとよいでしょう。

知ったら仕舞い

株には「知ったら仕舞い」ということわざがあります。10年ほど前まで、ゴールデンクロスはとても有効でしたが、今やダマシが多い判断材料のひとつです

テクニカル 09

出来高を表示して相場観を知る

大きな出来高に注目する

[zoom(6694) 日足　2020年4月～8月]

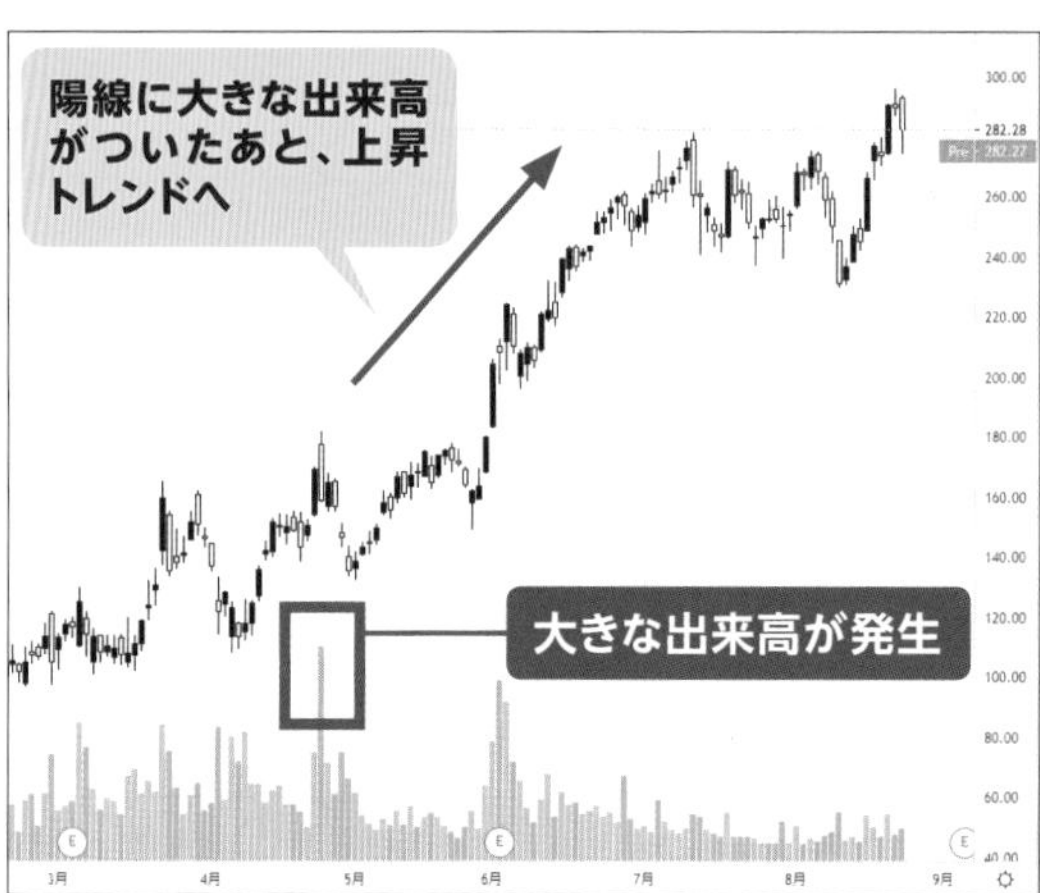
陽線に大きな出来高がついたあと、上昇トレンドへ
大きな出来高が発生

高値圏で陽線への大きな出来高は買われすぎのサイン

出来高は取引量を表す指標ですが、相場観の過熱感を計ることもできます。

安値圏で陽線に大きな出来高がついたり、高値圏で陰線に大きな出来高がついたりすると、今後その方向にトレンドができると考えられます。しかし、出る場所によっては逆のサインになります。

また、高値圏で陽線に大きな出来高がつくと、相場の過熱感が強まっていると考える投資家が出ます。つまり、買われすぎの状況です。そうなると売りが増え

高値圏での大きい出来高には注意

[すかいらーくホールディングス(3197) 日足　2019年6月～2020年8月]

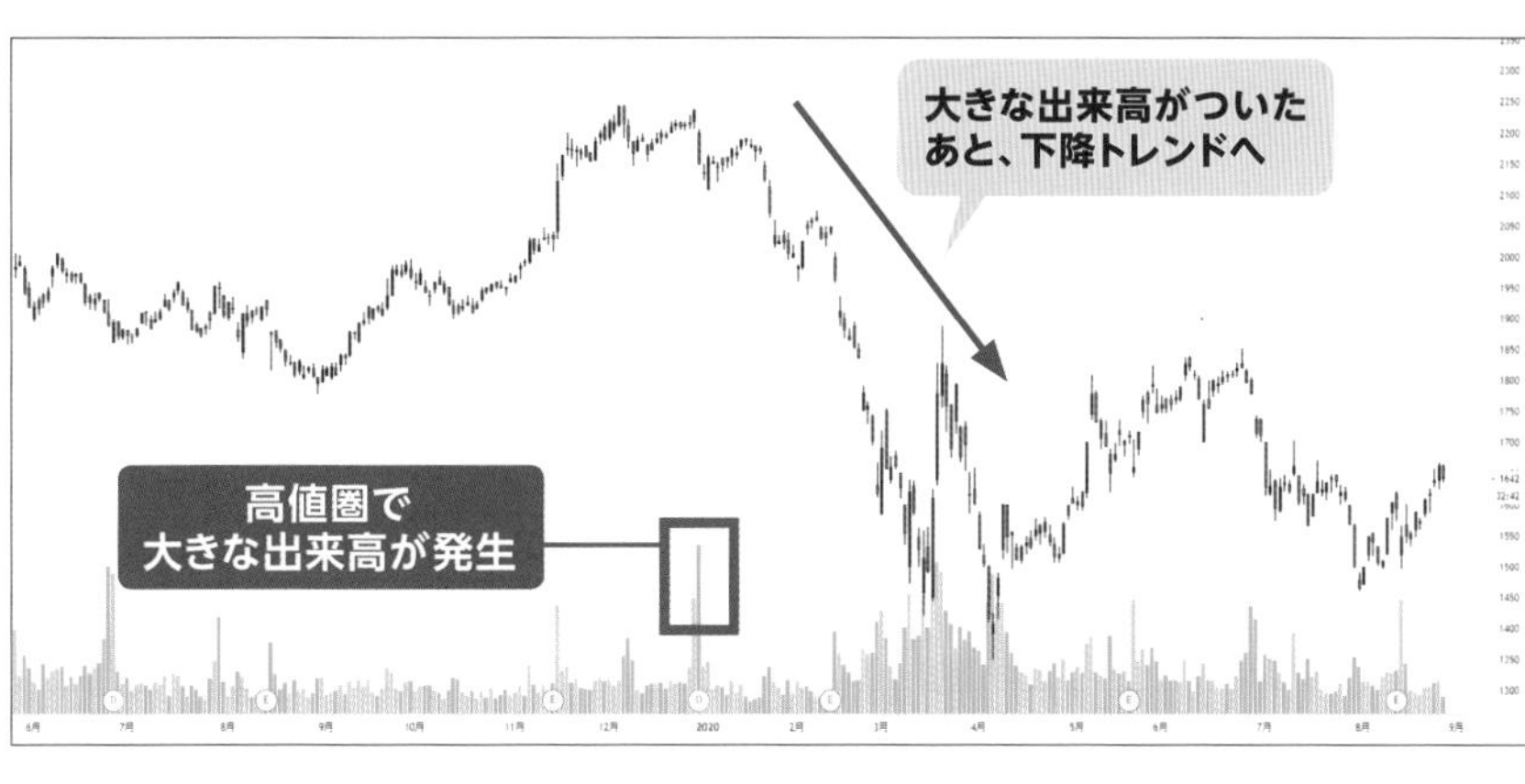
大きな出来高がついたあと、下降トレンドへ
高値圏で
大きな出来高が発生

る前に利確しようと考えるので株価は下落します。そのため、陽線に出来高がついたからといって安易に買うと、高値掴みになってしまうので、高値圏では注意が必要です。

出来高にはもうひとつ、価格別出来高というものもあります。これはどの価格帯でどれくらい約定したかを示したもので、ローソク足の横に横棒グラフとして表示されます。

意識する人が多いので、出来高が多い価格帯に株価が近づくと、そこを支持線あるいは抵抗線として反発あるいは反落します。

出来高でチャンス増大

ローソク足や移動平均線ばかりを見ていると、出来高をつい見忘れてしまいがちです。出来高も併せて見るクセをつけてチャンスをものにしましょう!

テクニカル 10

統計学的に値動きを予測するボリンジャーバンド

ボリンジャーバンドの確率

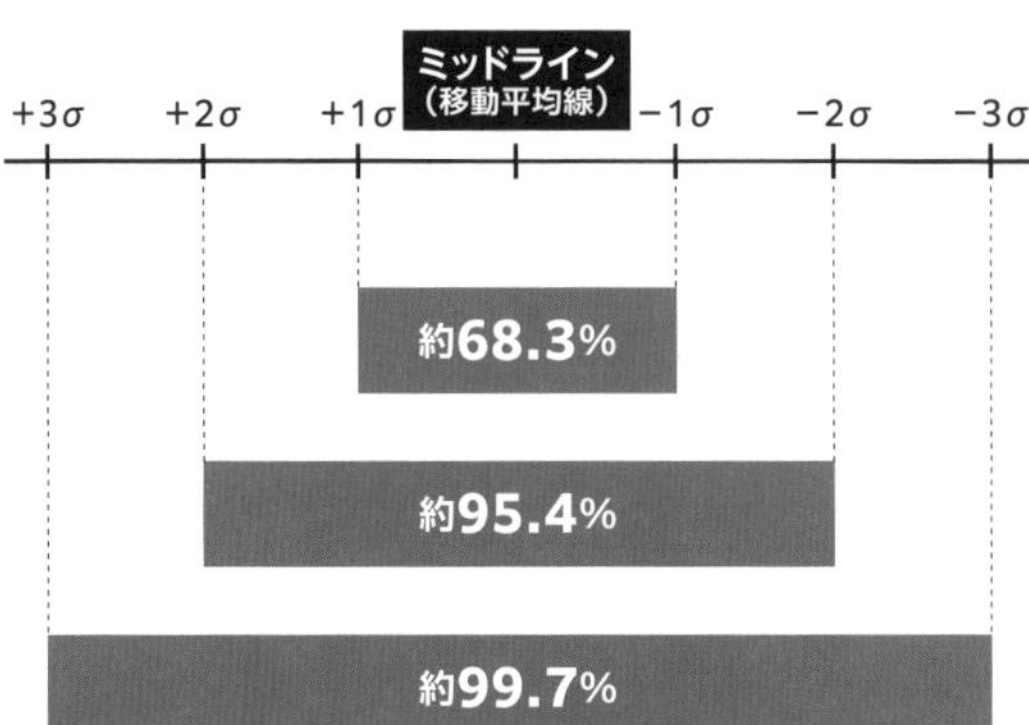

約95.4%の確率で±2σのなかに入るため、終値が±2σをブレイクしたときは逆方向にトレンドが発生しやすい

±2σのラインを支持線や抵抗線として使う

ボリンジャーバンドも移動平均線と同じトレンド系テクニカル指標のひとつです。過去の値動きのデータから統計をとり、次の値動きの範囲を予測します。

ボリンジャーバンドは移動平均線と標準偏差からなる7本（5本）の線で構成され、標準偏差は数値のばらつきを示し、σ（シグマ）で表します。

7本の場合、上から+3σ、+2σ、+1σ、ミッドライン、-1σ、-2σ、-3σの順に線が並びます。ミッドラインが移動平均線です。5本の場合は+3σと-3σが省

標準偏差｜数値のばらつきを表す指標。標準偏差が小さいことは数値のばらつきが小さいことを表す

ボリンジャーバンドの見方

［いすゞ自動車（7202）　日足2019年12月～2020年8月］

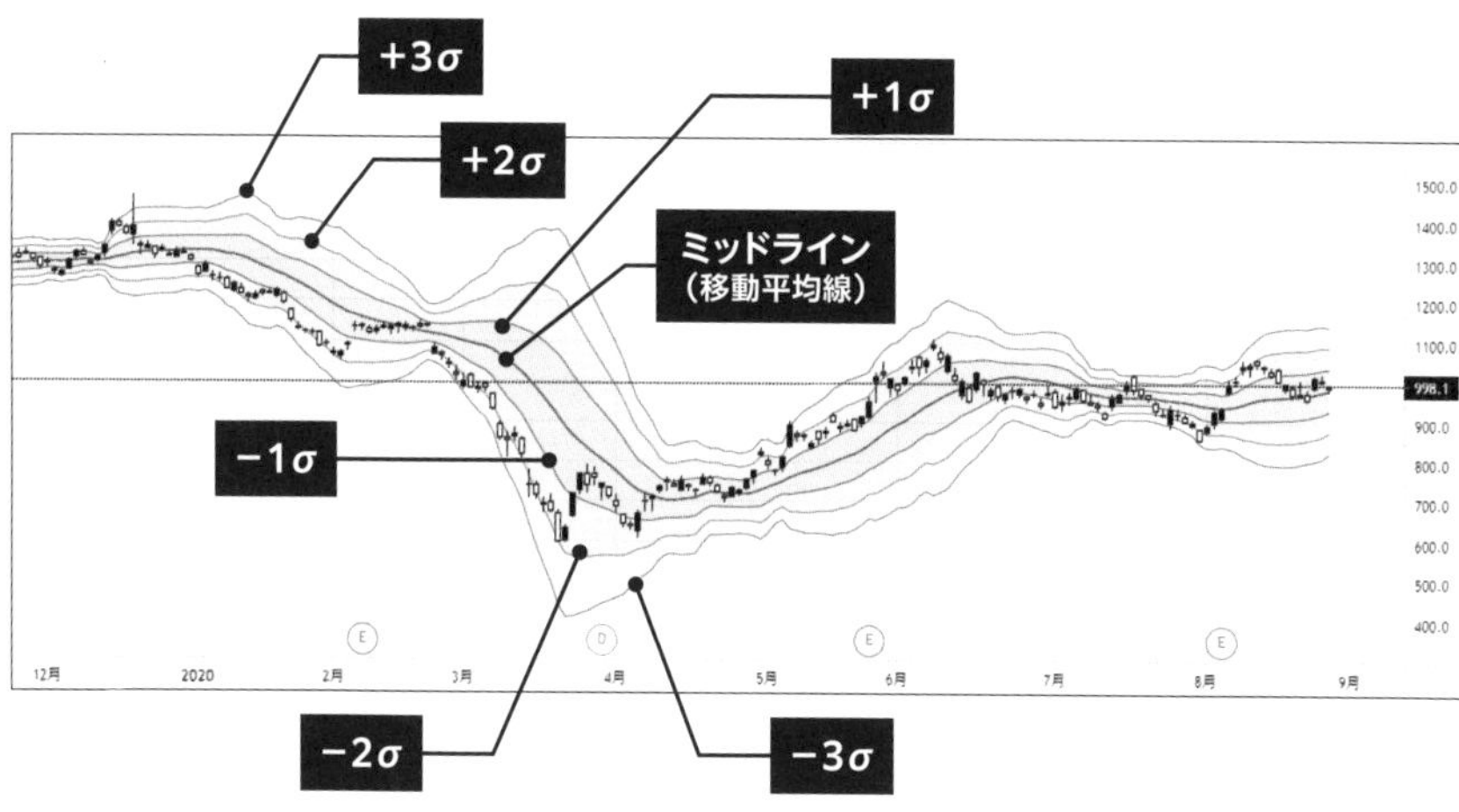

かれます。

σはそれぞれ株価が収まる確率を示しており、±1σの範囲には約68・3%、±2σには約95・4%、±3σには約99・7%の確率で収まります。ボリンジャーバンドを用いた手法では、このラインを越えたり、ラインに触れたりしたタイミングを狙います。

代表的な手法としては、±2σのラインを支持線や抵抗線とするものです。株価の95・4%はこのラインの内側に存在するので、越えてもすぐ戻るという考えから、+2σを越えたら売り、-2σを割ったら買いという逆張りの見方をします。

チャンスを待つ

ボリンジャーバンドはスイングトレードに向いています。しかし、-2σに来たときだけエントリーするなど、チャンスを待ったほうが勝てると思います

テクニカル 11

初心者にオススメなオシレーター系指標はRSI

オシレーター系指標では相場の過熱感をつかめる

テクニカル指標でメジャーなのは移動平均線などのトレンド系ですが、オシレーター系の指標ではトレンド系では把握できない相場の過熱感を掴めます。おもなオシレーター系指標はRSI、ストキャスティクス、移動平均線乖離率、急騰レシオなどです。

RSIは最近の値動きにおいて、上昇と下落のどちらの勢いが強いのかを数値化したものです。相場の勢いが%で示されるので、ぱっと見でわかりやすいのが特徴です。

オシレーター系の代表的な指標

初心者にオススメ

RSI（相対力指数）
過去一定期間の相場における「値上がり幅」と「値下がり幅」から、値動きの強弱を数値で表したもの

ストキャスティクス
株価のある一定期間の変動幅と終値の関係から、相場の相対的な強弱の勢いを示す指標

移動平均線乖離率
現在の価格が移動平均線からどれぐらい離れているかを%で表したもの

急騰レシオ
市場の値上がり銘柄数と値下がり銘柄数の比率から、市場の過熱感を見る指標

オシレーター系指標とシグナルの例

		売りシグナル（買われ過ぎのサイン）	買いシグナル（売られ過ぎのサイン）
オシレーター系指標	RSI（相対力指数）	70%以上	30%以下
	移動平均乖離率（25日）	+15〜20%以上	−15〜20%
	ストキャスティクス	70〜80%以上	20〜30%以下
	急騰レシオ	120%以上	70%以下

ストキャスティクスは一定期間の高値と安値をもとに、現在の価格がどの位置にあるかを見る指標で、買われすぎ、売られすぎがわかります。

移動平均線乖離率はその名のとおり、現在の株価が移動平均線からどれだけ離れているかを示したものです。株価は移動平均線から離れすぎると戻るような値動きをするので、逆張りでの取引に使われます。

このなかで**初心者にオススメなオシレーター系指標は、売り相場、買い相場がわかりやすいRSIです。**また、証券会社によって使える指標が異なりますが、RSIは多くの証券会社で使えます。

大きな判断の参考に

松井証券でもRSIが見られます。大きな判断のときには、チャートのサインや移動平均線の向きなどと併せて参考にするとよいと思います

テクニカル 12

穏やかなトレンドで逆張りに有効なRSI

RSIの計算式

14日間のRSIを求める場合

$$RSI = \frac{A}{A + B} \times 100$$

A:14日間の値上がり幅の平均
B:14日間の値下がり幅の平均

一般的に日足では14日と設定して計算することが多いです

70%を超えると買われすぎ30%を下回ると売られすぎのサイン

RSIは株価の上昇と下落でどちらの勢いが強いかを見る指標です。

終値をベースに、一定期間の上昇幅を上昇幅と下落幅の合計を割って計算し、0~100%の間で表されます。上昇相場では50%を超え、下落相場では50%未満を指します。**70%を超えると買われすぎ、30%を下回ると売られすぎのサインです。**

買われすぎ、売られすぎを見る指標なので、おもに逆張りでの売買サインとして使われます。ただし、強

RSIの見方

[しまむら(8860)　日足　2020年3月〜8月]

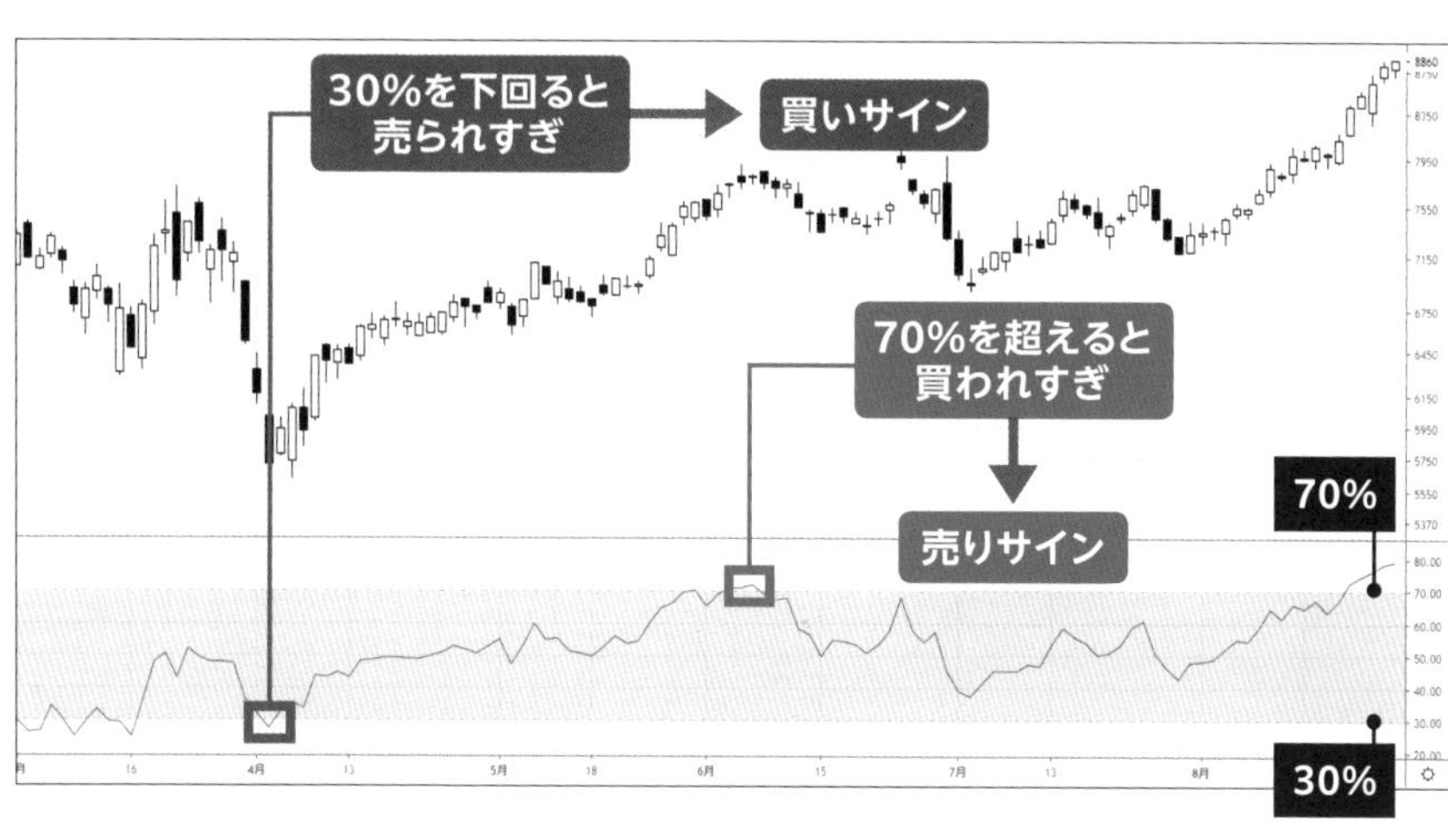
30%を下回ると
売られすぎ
買いサイン
70%を超えると
買われすぎ
売りサイン
70%
30%

いトレンドにおいてはあまり機能しません。強い上昇トレンドでは買われすぎと出ていてもそのまま上昇を続けます。その結果、RSIは買われすぎ圏内に存在し続けてしまうのです。

したがって、レンジや穏やかなトレンドにおいて有効な指標だといえます。

日足のチャートの場合、期間は14日で使われることが多いですが、9日や25日などでも使われます。期間を長くしすぎると売買サインが出にくくなり、逆に短くしすぎると売買サインは増えるもののダマシが多くなってしまいます。

25%までは待つ

買いたいと思ったときに有効なRSIも25%のところへ来るまで待ちましょう。さらに、チャートにサインや大きい出来高が出ている、なお買いです

テクニカル 13

強い売買サインが発生するストキャスティクス

ストキャスティクスの計算式

$$\%K=\frac{(\text{当日終値}-\text{過去n日間の最安値})}{(\text{過去n日間の最高値}-\text{過去n日間の最安値})}\times 100$$

$$\%D=\frac{(\text{最新の終値}-\text{過去n日間の最安値})\text{のm日間の合計}}{(\text{過去n日間の最高値}-\text{過去n日間の最安値})\text{のm日間の合計}}\times 100$$

通常、nは14、9、5日間、mは3日間で計算されます

80％以上のときのデッドクロスは強い売りサイン

ストキャスティクスもRSIと同様に、買われすぎ、売られすぎを判断する指標です。ひと口にストキャスティクスといっても、短期売買向きのファーストストキャスティクスと、長期売買向きのスローストキャスティクスの2種類あります。

ファーストストキャスティクスは簡単にいうと、最近のレンジ内での直近終値の位置を示した線（％K）とその移動平均線（％D）で構成されています。

使い方はRSIと似ており、**2本のラインが80％を**

ストキャスティクスの見方

［いであ(9768)　日足　2020年4月～8月］

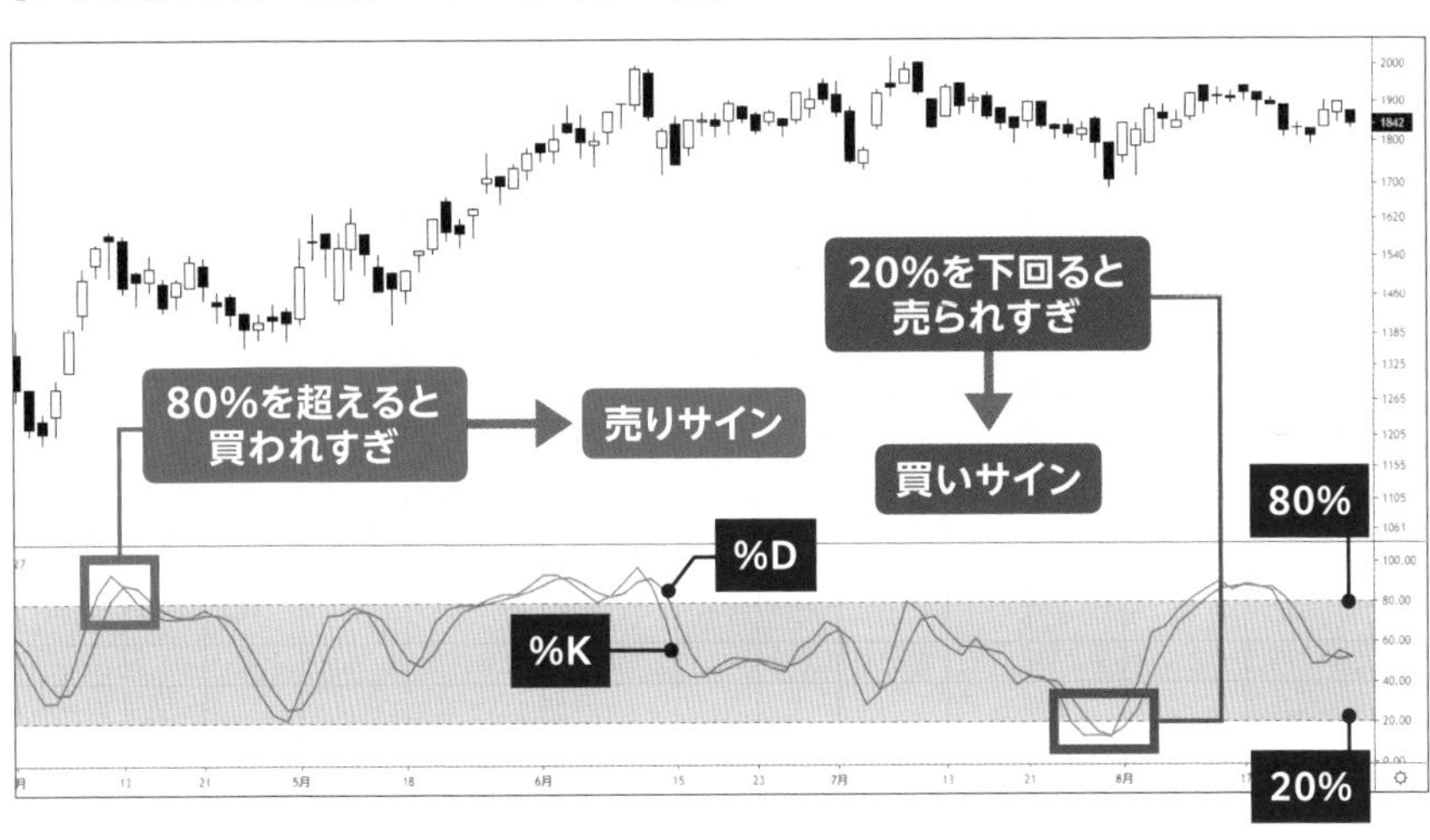

超えたら買われすぎで売りサイン、20%を下回ったら売られすぎで買いサインとなります。そのほか、2本のラインが80%以上のときにデッドクロスしたら強い売りサインとするなど、2本の線があることで応用的な使い方もできます。

しかし、ファーストストキャスティクスは反応が早い分ダマシが多いため、それを補正したものがスローストキャスティクスです。%Dと%Dの移動平均線（Slow%D）の2本のラインから構成されています。使い方は同じで、一般的にはダマシが少ないこちらが多く使われています。

長期保有には不向き

ボックスの細かい値幅でも大きく動いてくれるので、トレードにはピッタリですが、長期保有したい場合は、やはりチャートや出来高を見るのがよいでしょう

COLUMN6

日本人が考えた指標 一目均衡表

雲を上抜けたら買いサイン

一目均衡表は、株式評論家である細田吾一が昭和初期に完成させたトレンド系テクニカル指標です。完成までにのべ2000人の人手と７年の歳月を要しています。当初は「新東転換線」という名前でしたが、ペンネームを一目山人にした際に、指標の名前も一目均衡表に改められました。

指標を構成するのは、転換線、基準線、２本の先行スパン、遅行スパンの５本のラインです。使いこなせる人は一握りといわれるほど、さまざまな手法があり、海外でも多くの投資家に愛用されています。

特徴的なのは雲と呼ばれる部分で、２本の先行スパンの間の領域を指します。この雲を上抜けると買いサイン、下抜けると売りサインです。雲のなかで値動きするときは方向性が定まっていないので、様子を見るという判断もできます。応用的な指標なので、取引に慣れたら使ってみるとよいでしょう。

［任天堂(7974)　日足　2019年11月～2020年5月］

7章

経済状況から予測するファンダメンタルズ分析

ファンダメンタルズ分析とは、企業の業績や経済状況から値動きを予測する手法です。指標の見方や銘柄の探し方を紹介します。

ファンダ

01

業績などから株価を予想するファンダメンタルズ分析

割安な銘柄を買って値上がりを待つ手法

過去の株価の値動きの傾向から今後の値動きを予想するテクニカル分析に対し、**企業の業績や経済状況から今後の値動きを予測する手法を「ファンダメンタルズ分析」といいます**。ファンダメンタルズとは経済指標のことです。

ファンダメンタルズ分析では細かい値動きは気にしません。重要なのは今の株価が割安かどうかです。

まず、企業の業績や今後の事業を今の経済状況、世間の需要などと照らし合わせ、企業の本来の価値に見

ファンダメンタルズ分析の売買方法

項目	内容
企業名	(株)○○ コーポレーション
事業内容	情報・通信業
高値	25,360
安値	19,610
出来高	1,825,000株

企業情報や今後の経済状況などを照らし合わせて、値上がりしそうな銘柄を買う

有価証券報告書　上場企業が発行する自社の経営状況などをまとめた書類。事業年度ごとに発行される

分析の基礎になる情報

企業の情報
その企業の業績や、今後の事業展開についてまとめた有価証券報告書などをもとに判断する

経済の状況
国の政策金利や雇用統計、GDPなどの経済のデータ（経済指標）や、社会の経済状況をみて判断する

需要の動向
どんな商品が売れているのか、市場の動向をチェックする

信憑性の高い情報かどうか、出典を確認するのも忘れずに

ニュースをチェックするなど、企業の今後の動向について、常にアンテナを張っておきましょう

合った株価を考えます。そして、それを現在の株価と照らし合わせ、**安ければ買って値上がりを待つというのがファンダメンタルズ分析における基本的な売買の方法です。**

このように企業や経済の成長性に投資する手法なので、短期売買には向かず、数カ月、数年という規模の長期投資に適しています。

また、ファンダメンタルズ分析では企業や業界についてある程度の知識が求められます。そのため、購入する銘柄は、ある程度くわしかったり、興味があったりするものがよいでしょう。

まずは100株買う

サービスやビジネスモデルがよいと思える企業の株を100株だけ買い、株主総会に出るのも手です。決算書や報告書も送られてくるので、詳しくなれます

政策金利　景気や物価の安定を図るために中央銀行が設定する短期金利のこと。不景気時は政策金利を引き下げて、資金調達しやすい環境をつくる

02 ファンダメンタルズ分析では割安株を狙うのがオススメ

世間的にどのような株が割安なのか理解する

投資先銘柄の分類

成長株（グロース株）	業績が良く、株価が高く評価されていて、さらに成長が見込める株式のこと。最先端の技術を持つ企業や、流行の業種の企業が多いのが特徴
テーマ株	現在話題となっている材料に関連する企業の株式のこと。注目される新技術や、社会問題に関係するものなど多岐にわたる
割安株（バリュー株）	その企業の利益や資産に対しての評価が株価に反映されておらず、株価が低い状態の株式のこと。配当金などで利益を回収しやすい

ファンダメンタル分析では、おもに成長しそうな企業や話題のテーマの銘柄、割安な銘柄に投資します。それぞれ、「成長株（グロース株）」「テーマ株」「割安株（バリュー株）」と呼ばれています。

成長株やテーマ株は大きな値上がりが期待できるので、結果を重視しがちな投資初心者が手を出しがちです。しかし、初心者が買いだと思ったタイミングでは、すでに多くの投資家が買っていることが考えられます。そうなっては高値掴みになってしまい、思うよ

初心者の株の選び方

銘柄選びのポイント

- 割安である
- 売り上げが安定している企業である
- 今後も需要のある事業を行っていくか
- 時価総額が大きく、倒産の心配がない

など

安さだけに着目せず、「今後も続く企業かどうか」という点も重要なポイントになります

❶割安かどうか計算する

PERやPBRなどの指標をつかって、株価が割安かどうかを数値的に判断する

PERやPBRの計算方法は166～167ページ参照

❷企業の安定性を確認する

決算書や四季報などを読んで、今後の成長性などを判断する

四季報の読み方は、170～171ページ参照

うな利益は得られません。

そこで、初心者がファンダメンタル分析で投資する場合、割安株を狙うのがオススメです。そのために、**まずは世間的にどのような株が割安といわれているのかを理解する必要があります。**

割安を判断するうえでよく使われるのが、PERやPBR（166ページ参照）などの指標です。これらで割安度を数値的に判断し、そのうえで決算書や四季報も併せて確認しましょう。売上などが安定していて、今後も需要のある事業をしている企業や時価総額が大きく倒産の危険がない企業は、買いです。

すべては割安株から

割安株を買って、気に入った銘柄を買い増ししていたら、いつの間にかテーマ株や成長株になっていたこともあります。すべては割安株から始まっています

時価総額　そのときの株価に発行済み株式数をかけたもの。株価だけではわからない企業の価値を算出するために用いられる

03

相場全体の傾向が把握できる日経平均株価

東証一部に上場している225銘柄から算出した指標

「日経平均株価（日経平均）」という言葉を投資や経済関連のニュースで聞いたことがあるでしょう。日経平均は株を始めるうえで、特に抑えておきたいもののひとつです。「日経」とつくように、**日経平均は日本経済新聞社が東証一部に上場している企業から225銘柄を選定し算出した指標です**。平均とはいうものの単純に225銘柄の株価を平均したものではなく、連続性を維持するために複雑な調整が入っています。

225銘柄の選定は、市場の流動性やセクター（業

日経平均株価の算出方法

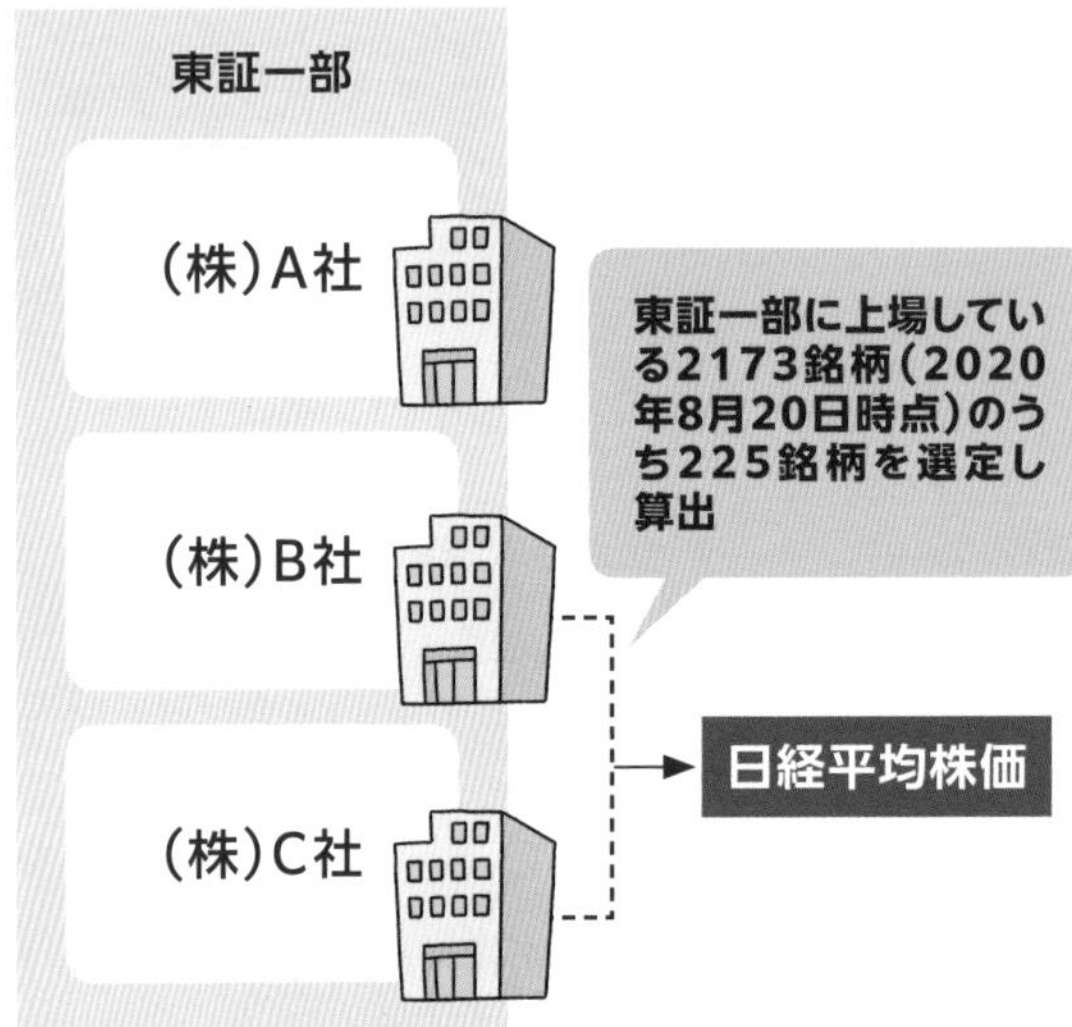

日経平均株価で相場全体の動きを把握

[日経平均株価　日足　2020年3月～2020年8月]

3月
新型コロナウイルスの感染が世界中で増加。経済への影響を警戒した売りが広がり、日経平均株価は大幅に下落した
8月
新型コロナウイルスの新しい治療方法やワクチンの早期利用などが伝わったことを背景に、経済活動の本格再開に向けた期待感が相場を押し上げた

種）などのバランスを考慮して行われます。また、同じ銘柄だけでは指標として偏りが出てしまうので、1年に一度、構成銘柄の入れ替えがあります。

東証一部ということは、ある程度の規模を誇る大企業であり、そのなかでも取引が頻繁に行われている企業が選ばれています。上場していても、ほとんど取引が行われない銘柄もあるので、ただ全体を平均したのでは指標として流動性がなくなってしまうのです。

そうして算出された日経平均を見ることで、**投資家の大まかな動き、つまり相場全体の値動きの傾向を把握することができます。**

日経平均はいつも注目

相場全体の傾向が把握できるだけあって、個別銘柄はこの日経平均の影響を大きく受けます。市場が違っても連動する銘柄は多いので、いつも注目しています

04 70年チャートを見る日経平均の使い方

日経平均は日本経済の景気の影響を大きく受ける

相場全体の傾向を示す日経平均ですが、株を売買するうえでどのように使えばよいでしょうか。

相場全体の傾向は日本経済の景気の影響を大きく受けます。そのため、**日経平均が上昇しているときは景気が上向いていて、下落しているときは不景気に向かっているといえます**。

景気がよければ、物価が上がり各銘柄の値上がりも期待できるので、積極的に買うことができます。逆に不景気であれば、一見すると安そうな銘柄がさらに下落すると考えられるわけです。

ただし、銘柄ごとに日経平均への影響度は異なります。ファーストリテイリングやソフトバンクのような影響力が大きい企業が激しい値動きをすると、日経平均も同じ方向に値動きしてしまうことがあるので、併せて確認するとよいでしょう。

日経平均で長期間のトレンドを把握する

また、日経平均もローソク足のチャートで表されるものであるため、一般の銘柄同様、トレンドを見ることができます。日経平均は1950年から算出されて

日経平均株価は上昇トレンドである

［日経平均株価　年足　1949年1月～2020年8月］

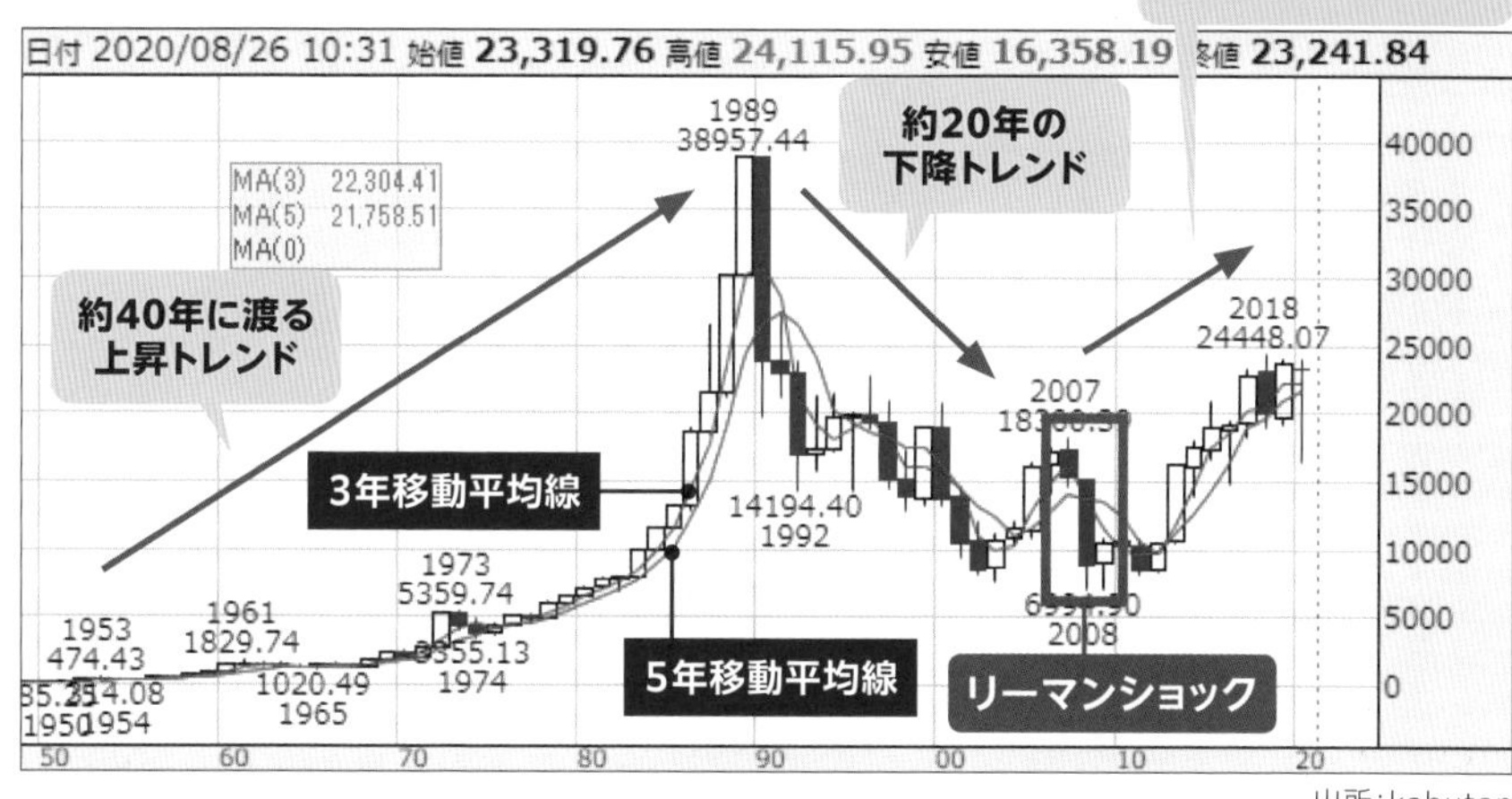

出所：kabutan

いる指標です。したがって、最近上場した銘柄では見られない数十年規模のトレンドを見られます。

ローソク足を年足にして、移動平均線を表示したチャートを見てみます（上図参照）。すると、算出開始以降約40年に渡る上昇トレンドがあり、その後約20年の下落トレンドがあったことがわかります。2020年現在はというと、2012年からの上昇トレンドのなかにいます。

この規模で見ると、長期保有銘柄に関しては数カ月程度下落があったとしても、上昇トレンドのなかにいることを意識した、落ち着いた取引ができるでしょう。

経済ショックを見る

70年チャートで見ると、チャイナショックやコロナショックは大暴落ではなく単なる調整や長い下ヒゲで、リーマンショックまでが本物の大暴落だったとわかります

ファンダ

05 注目度が高いテーマ株はハイリスクハイリターン

テーマへの期待感から実績がなくても買いが集まる

158ページで、初心者は成長株やテーマ株に手を出さないほうがよいと説明しましたが、特に気をつけたいのがテーマ株です。

成長株は企業の売上や利益といった業績などから今後の成長が見込まれる銘柄です。そのため、よく知っている企業やニュースを追いやすい企業であれば、早めにトレンドに乗りやすいので、ある程度の利益は上げられるでしょう。

一方、テーマ株は、よりハイリスクハイリターンで

テーマ株の特徴

[ドーン(2303)　週足　2019年9月〜2020年8月]

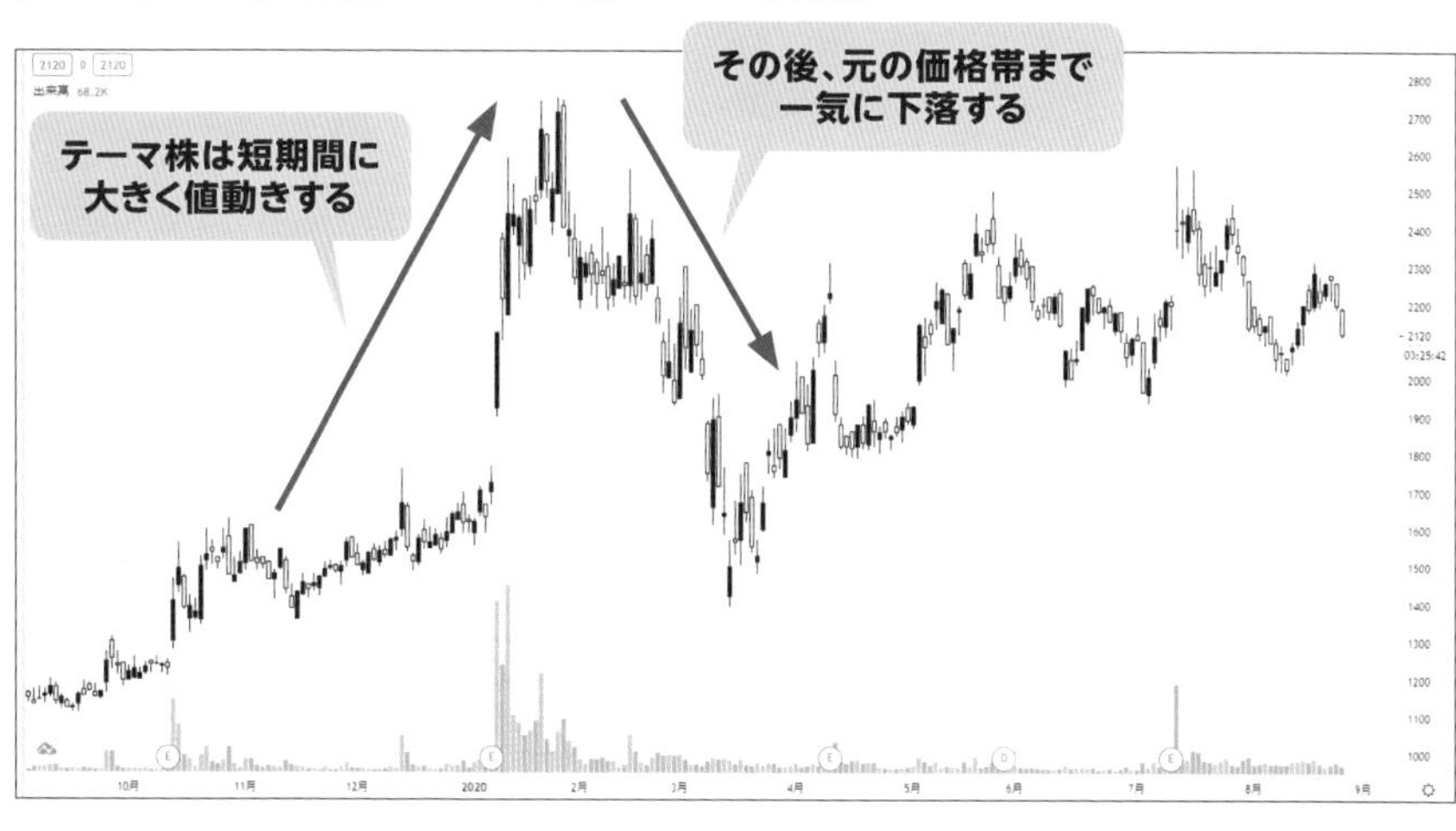
テーマ株は短期間に
大きく値動きする
その後、元の価格帯まで
一気に下落する

す。テーマ株とは「テレワーク」や「遠隔医療」など、注目度の高いテーマに関連する銘柄への投資です。**漠然とそのテーマへの期待感から買いが集まっているので、企業の実績が伴わない状態で上昇することがあります。**すると、そのテーマへの期待感が薄まったときに、元の価格帯まで一気に下落してしまうのです。

このように、テーマ株は短期間に大きく値動きします。また、テーマ株を売買している投資家の多くはデイトレーダーです。彼らは市場が開いている時間、常にチャートを追うことができますが、そうでない個人投資家の場合、急落についていけません。

割安株を分散して買う

マスクがテーマ株になったとき、500株を持っていた中京医薬品が急騰し、4倍以上になりました。割安株を分散して買うとよい目に合うことが多いです

デイトレーダー　買った株をその日のうちに売ったり、売った株をその日のうちに買い戻したりして1日の内に利益や損失を確定し、取引を終了させる投資家のこと

06

割安度を表す指標 PERとPBR

PERが15倍以下であれば割安な銘柄といえる

割安な株を見つけるうえで、よく使われる指標がPERとPBRです。

PERは株価収益率のことで、株価を1株あたりの純利益で割って求めます。**1株当たりの純利益の何倍の値段で買われているかで割安かどうかを計ります。**

業種などにもよるので一概にはいえませんが、PERが15倍以下だと割安な銘柄だとされています。15倍ということは、このときの株価は15年分の利益に相当するということです。つまり、**PERが小さいほど利**

PERとPBRの計算方法

PER[※1]とは、利益から見た株価の割安性（株価収益率）のこと

$$\text{PER} = \frac{\text{株価}}{\text{1株当たり当期純利益（EPS）}}$$

※1　Price Earnings Ratio

PBR[※2]とは、純資産から見た株価の割安性（株価純資産倍率）のこと。株価が直前の本決算期末の「1株当たり純資産」の何倍かを示す

$$\text{PBR} = \frac{\text{株価}}{\text{1株当たり純資産（BPS）}}$$

※2　Price Book-value Ratio

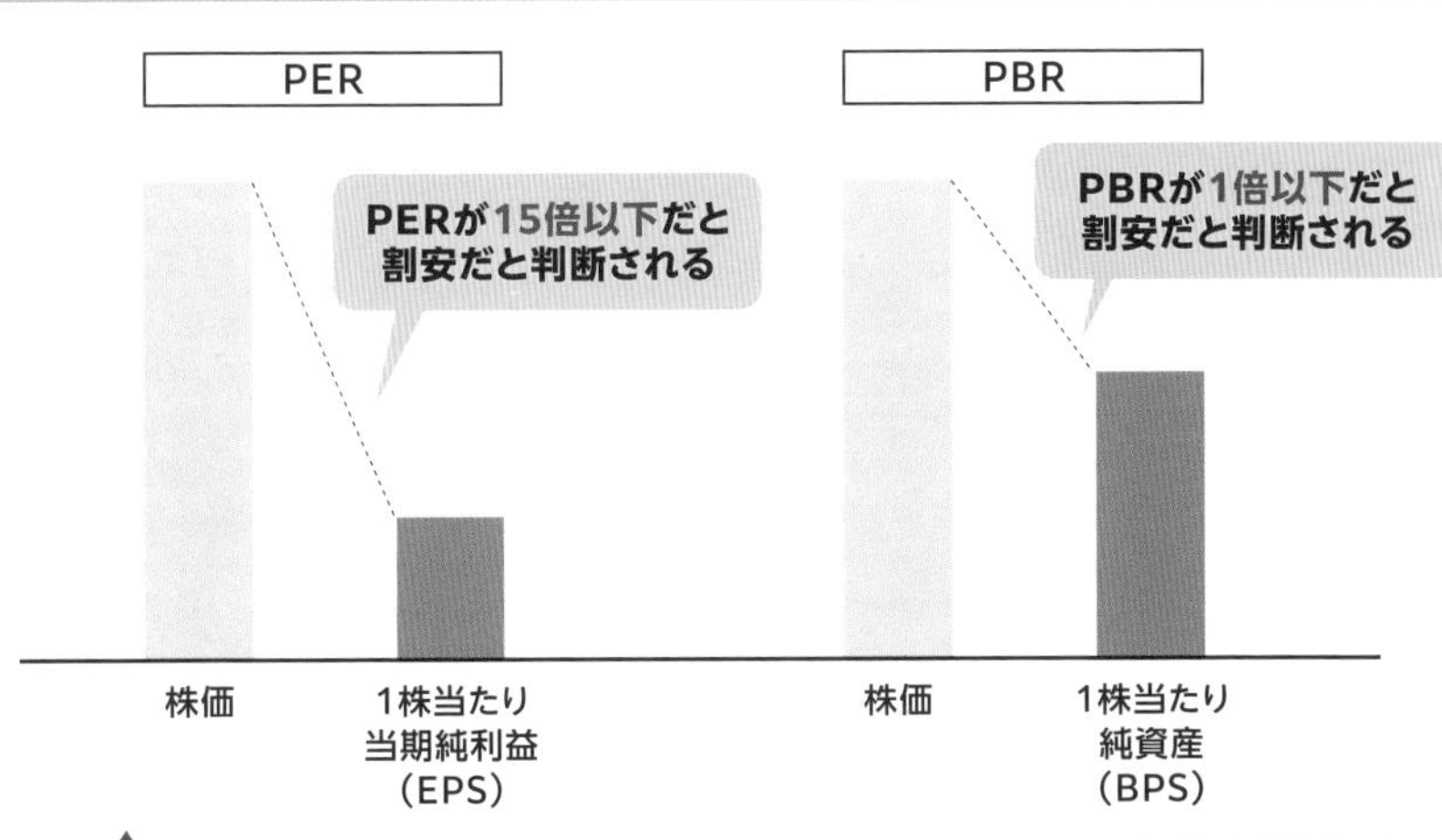

「割安だから」という理由だけで安易に買わず、企業の成長性なども考慮してから買いましょう

益回収までの期間も短い見通しであるということになります。

もうひとつのPBRは、株価純資産率のことです。株価を1株あたりの純資産で割って求めるもので、**株価が1株あたりの純資産より高いか安いかを倍率で表します**。こちらも業種などにより異なりますが、1倍以下であれば、割安であるといえます。

しかし、PERにしてもPBRにしても、割安だからと安易に買うのは危険です。割安なまま放置されることもあるので、企業の成長性も考慮してから買う必要があります。

安い株は上がりやすい

割安でなくても、5万円以下で優待利回り5%の株など、安く買える株は上がりやすいです。さらに、それが割安株なら、株価が2倍以上になる可能性大です

07

企業の経営状況を見るROEとROA

ROEが10%、ROAが5%以上の企業は投資対象の候補になる

ファンダメンタル分析においては、企業の財務も重要な要素です。その財務を見る指標として有名なのが、ROEとROAです。

ROEとは自己資本利益率のことで、自己資本（純資産）に対してどれくらい利益を上げられているかを表します。ROEは百分率で表されるのが一般的なので、当期純利益を自己資本で割り、100をかけて計算します。

ROEが高いということは、自己資本に対する利益

ROEとROAの計算方法

ROE※1（自己資本利益率）は、自己資本に対してどれだけ利益をあげられているかを表す指標

$$\textbf{ROE} = \frac{\text{純利益}}{\text{売上高}} \times \frac{\text{売上高}}{\text{純資産}} \times \frac{\text{純資産}}{\text{自己資本}}$$

※1　Return on Equity

ROA※2（総資産利益率）は、借入金を含め、企業が使える資金のうちどれくらい利益をあげられているかを示す指標

$$\textbf{ROA} = \frac{\text{純利益}}{\text{売上高}} \times \frac{\text{売上高}}{\text{純資産}}$$

※2　Return On Assets

ROEとROAの見方

自己資本

ROEが10%以上だと、自己資本の活用効率や収益性が高いと判断される

総資産

ROAが5%以上だと、総資産の活用効率や収益性が高いと判断される

ROE　ROE

投資家は「投資したお金がどう使われているか」という観点から、**ROEを重視する**傾向があります

が大きいということなので、効率のよい経営ができていることがわかります。

次にROAですが、これは総資産利益率のことです。当期純利益を総資産で割り、100をかけて求められます。**借入金を含め、企業が使える資金でどれくらいの利益を上げられているかを示しています。**

ROEとROAはどちらも経営状況を表す指標ですが、投資家は投資したお金がどう使われているかという観点からROEを重視する傾向があります。

ROEは10%、ROAは5%以上だと優良企業といえるので、投資対象の候補になります。

見やすいのは松井証券

松井証券の企業概要ではPER、PBR、ROE、配当、6年分の業績に加え、収益校正、大株主まで簡単に見られるので、大いに活用しています

08 四半期ごとに出る四季報で来期の見通しを見る

四季報とは

四季報

株に関する新しい情報や資料などを掲載して、四半期ごとに作成・刊行される出版物のこと

最近ではオンライン版など、より手軽に見られるサービスも普及している

大企業が大株主なら見通しがよい企業

株を買ううえで参考にしたい指標や情報はいくつもありますが、それらの情報をまとめた本が「四季報」です。東洋経済新報社の『会社四季報』が有名ですが、さまざまな会社が四季報を刊行しています。最近では、オンライン版も流通しており、より手軽に見られるようになりました。

四季報には上場企業ごとに、事業内容や業績、大株主、過去の配当、販売先、提携企業などさまざまな情報がまとめられています。このなかで特に見るべきポ

大株主・提携企業に注目する

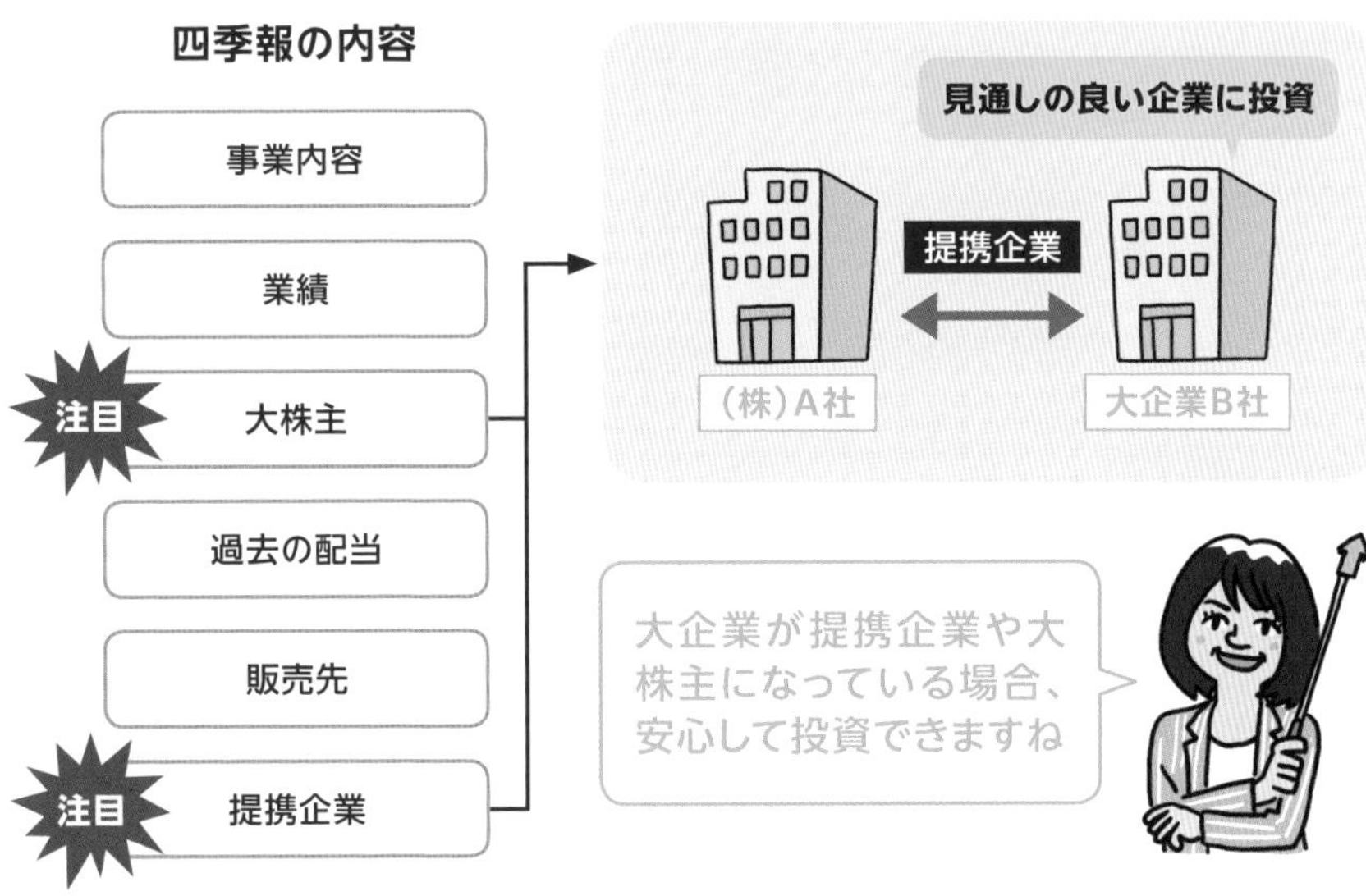

イントは、大株主と提携企業です。

その銘柄の企業自体はあまり聞いたことがないような場合でも、意外な大企業が大株主というケースがあります。大企業も下手な企業に投資しないので、大株主になっているということは、見通しがよい企業であると考えられます。また、**大株主が変わった場合は、企業に動きがあるときです。特に、社長が株を手放した場合などは、買収などに気をつけましょう。**

提携企業に関しても、大手の企業と提携している企業なら、よほどのことがない限り業績が急に落ちるということもないと判断できます。

大株主と提携企業

今年大きく上昇したアイケイとスクロールは生協が提携企業ですし、スクロールの大株主はバフェットも買った丸紅です。確認すると自信を持って取引できます

ファンダ

09

多角的に見るために投資家のブログをチェック

自分とは違う目線からの意見を取り入れる

どんな株が伸びそうか、どんな株が割安かといった情報収集の際に参考にしたいのが、投資家のブログです。個人投資家でブログを書いている人は多く、日々さまざまな情報を投稿しています。

株の買い方に対する考え方は投資家によって異なりますが、**自分とは違う目線からの意見を取り入れることで、より慎重な取引ができるでしょう**。

たとえば、自分が買いだと思っている銘柄に対し、いまいち自信が持てないようなときに、ほかの投資家でその銘柄について発信している人を探します。すると、その企業の財務情報をまとめてくれていたり、違う指標を用いて買いを判断していたりといった内容のブログが見つかることがあります。つまり、買いを後押しされている状況になるので、自信を持って買うことができます。

自分が目をつけていなかった掘り出し物が見つかることも

そのほか、銘柄を絞らずにいろいろな投資家のブログを眺めていると、「A社がおもしろい新商品を出したから伸びる」や「B社の新事業は手堅そうだ」など

個人ブログの利点

A社が発売した新商品、とてもおもしろいから今後の業績は伸びるだろう

B社のはじめた新事業は手堅そう。今後数年は安定して伸びると思う

➡ **自分とは違う目線からの意見を得ることができ、有益な情報を得ることができる**

誤った情報や嘘の情報が書かれている可能性に留意して利用しよう

といった情報を入手できることもあります。その商品や事業が世の中の需要に合っているかどうかの判断は自分でしなければなりませんが、自分が目をつけていなかった掘り出し物が見つかるかもしれません。

もちろん個人が書いているブログなので、誤った情報や嘘の情報を載せているものもあります。そのため、妄信してはいけませんが、**ある程度読んでいるうちに、信頼できそうな投資家や自分の考え方に合った投資家が見つかるはずです**。

あくまで、自分の判断で取引することを頭に入れて、ほかの投資家の意見も参考にしましょう。

相場観のあるブログ

相場観のあるブログでは、下がりっぱなしのコロナショックで嫌気がさしたときに「ここからこそ買い」と書いてくれて、3日後に大底でたくさん買えました！

ファンダ

10 ネットの掲示板でほかの投資家の考えを知る

株情報を扱う掲示板

種類

5ちゃんねる、Yahoo!ファイナンス、株速報、みんかぶ、急騰カブ情報局　など

不特定多数の人の意見を聞くことができるため、ある程度の市場の傾向を見ることができる

匿名性が高いため、ブログよりも信ぴょう性が低くなる

掲示板の内容を鵜呑みにせず、あくまでも「参考程度」の利用がよいでしょう

掲示板のコメント数からその銘柄への注目度がわかる

情報収集の手段として、インターネットの掲示板を見るのもよいでしょう。「5ちゃんねる」や「ヤフーファイナンス掲示板」、「株速報」など株関連を扱う掲示板はいくつかあります。オススメはヤフーファイナンス掲示板です。

ヤフーファイナンス掲示板の特徴は、利用者が多いことです。利用者が多ければ、その分さまざまな投資家の意見が聞けるということになります。多くの意見を耳に入れるという点では、不特定多数の意見を見ら

掲示板で注目度がわかる

スレッドを検索

株カテゴリ一覧

水産・農林業	鉱業	建設業
食料品	繊維製品	パルプ・紙
化学	医薬品	石油・石炭製品
ゴム製品	ガラス・土石製品	鉄鋼
非鉄金属	金属製品	機械
電気機器	輸送用機器	精密機器
その他製品	電気、ガス業	陸運業
海運業	空運業	倉庫・運輸関連業
情報・通信業	卸売業	小売業
銀行業	証券業	保険業
その他金融業	不動産業	サービス業
指標・上場投資信託	世界の株価指数、金利	その他
（米国）一般消費財	（米国）サービス	（米国）公益事業
（米国）医療関連	（米国）金融	（米国）IT・通信
（米国）工業	（米国）原材料・素材	（米国）エネルギー
（米国）その他	投資信託（国内株式）	投資信託（国内債券）
投資信託（国際株式）	投資信託（国際債券）	投資信託（国内REIT）
投資信託（国際REIT）	投資信託（その他）	上場廃止・償還済み
株式雑談		

FX、為替カテゴリ一覧

経済指標	外国為替	FX、為替雑談

電気、ガス、サービスといった分野ごとに見ることができる。自分が詳しい分野なら、情報を精査しやすい

コメントの多さから注目度がわかる

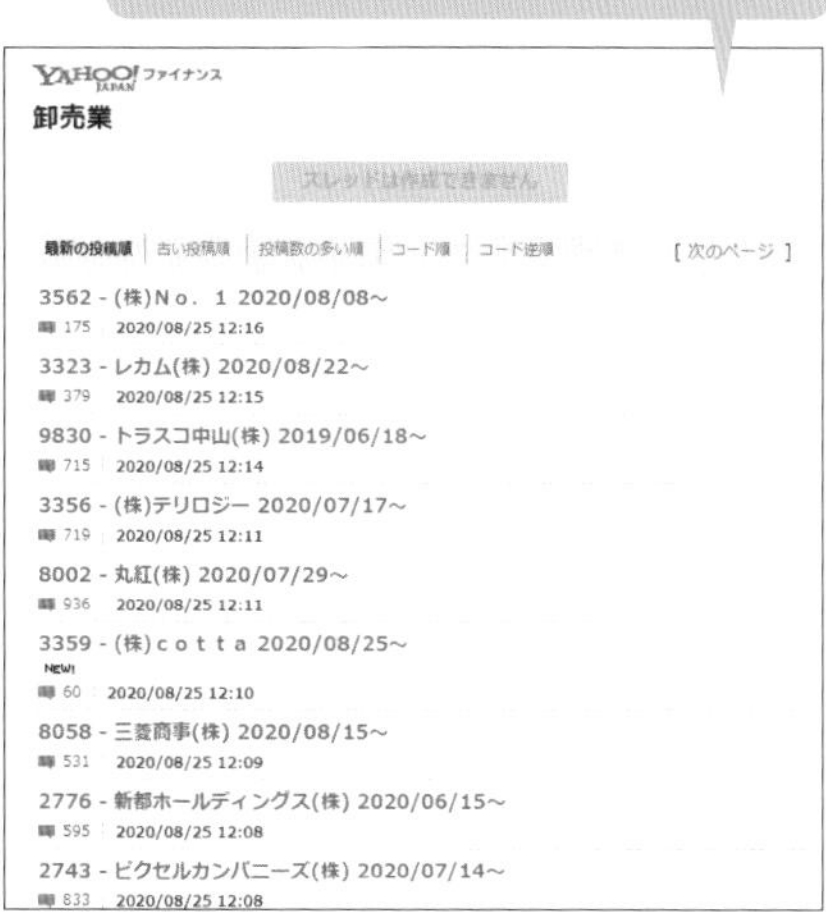

YAHOO! JAPAN ファイナンス

卸売業

スレッドは作成できません

最新の投稿順 | 古い投稿順 | 投稿数の多い順 | コード順 | コード逆順　［次のページ］

3562 - (株)Ｎｏ．１ 2020/08/08～
175　2020/08/25 12:16

3323 - レカム(株) 2020/08/22～
379　2020/08/25 12:15

9830 - トラスコ中山(株) 2019/06/18～
715　2020/08/25 12:14

3356 - (株)テリロジー 2020/07/17～
719　2020/08/25 12:11

8002 - 丸紅(株) 2020/07/29～
936　2020/08/25 12:11

3359 - (株)ｃｏｔｔａ 2020/08/25～
NEW!
60　2020/08/25 12:10

8058 - 三菱商事(株) 2020/08/15～
531　2020/08/25 12:09

2776 - 新都ホールディングス(株) 2020/06/15～
595　2020/08/25 12:08

2743 - ピクセルカンパニーズ(株) 2020/07/14～
833　2020/08/25 12:08

出所：Yahoo!ファイナンス

れることは、ブログにはないメリットです。

また、銘柄ごとに掲示板が分かれているので、気になる銘柄への意見や情報を簡単に見ることができます。**銘柄ごとのコメント数からその銘柄への注目度がわかりますし、売りたい人が多いのか、買いたい人が多いのかなどの傾向もつかむことができます。**

ただし、掲示板には誰でも匿名で書き込めるので信憑性は低く、ブログよりもさらに誤った情報や嘘の情報が多い点に注意が必要です。

掲示板の意見に右往左往するのではなく、あくまで参考程度に利用するようにしましょう。

相場観が養われる

日経平均株価の掲示板も嘘も多いですが、相場観が養われるので、必ず読んでいます。リーマンショック前に、値動きを予測し当てていた人は忘れられません

COLUMN7

時流に乗っている銘柄を探す

これからに期待大の「テーマ株」を見つける

コロナ禍においては、多くの銘柄が株価を下げています。日本の経済全体の調子が悪いわけですから、各企業の業績も悪化するのは当然といえるでしょう。

しかし、そうしたなかでも売上を増やしている企業はあります。たとえば多くの人が外出を控えるようになりますが、一方でモノ自体は生活するために必要ですから、通信販売の需要が増していく、といった具合です。

通信販売を手掛ける企業の株は、業績好調にともなって今後値上がりしていく可能性があるわけですね。こうした時流に乗ろうとしている銘柄を、164ページで解説した「テーマ株」といいます。

ＡＩ（人工知能）がより広く普及しそうだという状況では、ＡＩの開発を行っている企業がテーマ株として挙げられます。ほかにも消費増税が決定した際には店舗はその対応を迫られるため、店舗用のＰＯＳレジを製造している企業などがテーマ株として一時期株価が上がっていました。

「どのような分野の企業の株価が上がるか」という視点でニュースを観ながら、銘柄を選択していくのも、株の楽しみのひとつといえるでしょう。

投資家のブログでも、期待できそうな新事業を始めた企業を知れることがあります

8章

資金管理をして資産を守る売買を徹底

投資において、もっとも大事なことは資金管理です。無謀な投資で資金をなくさないように、相場の臨み方を紹介します。

資金管理 01

はじめに用意した元手以外に毎月「新しいお金」を積む

投資資金を増やせば利益の幅を上げられる

株式投資において、もっとも大事なことは「資金管理」でしょう。今ある資金だけを使って守るだけではなく、**常に「新しいお金」を投資資金として追加することも大切です。**

はじめに用意した元手だけで資金運用をするのではなく、毎月1～2万円でよいので、資金を積み立てましょう。そうすることで、毎月投資額が増えるので、利益の幅を少しずつ上げられます。

また、利益を上げられるだけではありません。毎月

投資資金の確保

月収（手取り）
25万円

生活資金
20万円

余剰資金
5万円

このうち1～2万円を投資資金にする

「生活資金」と「余剰資金」の区別をしっかりとつけ、余剰資金で投資を行いましょう

余剰資金と利益は比例する

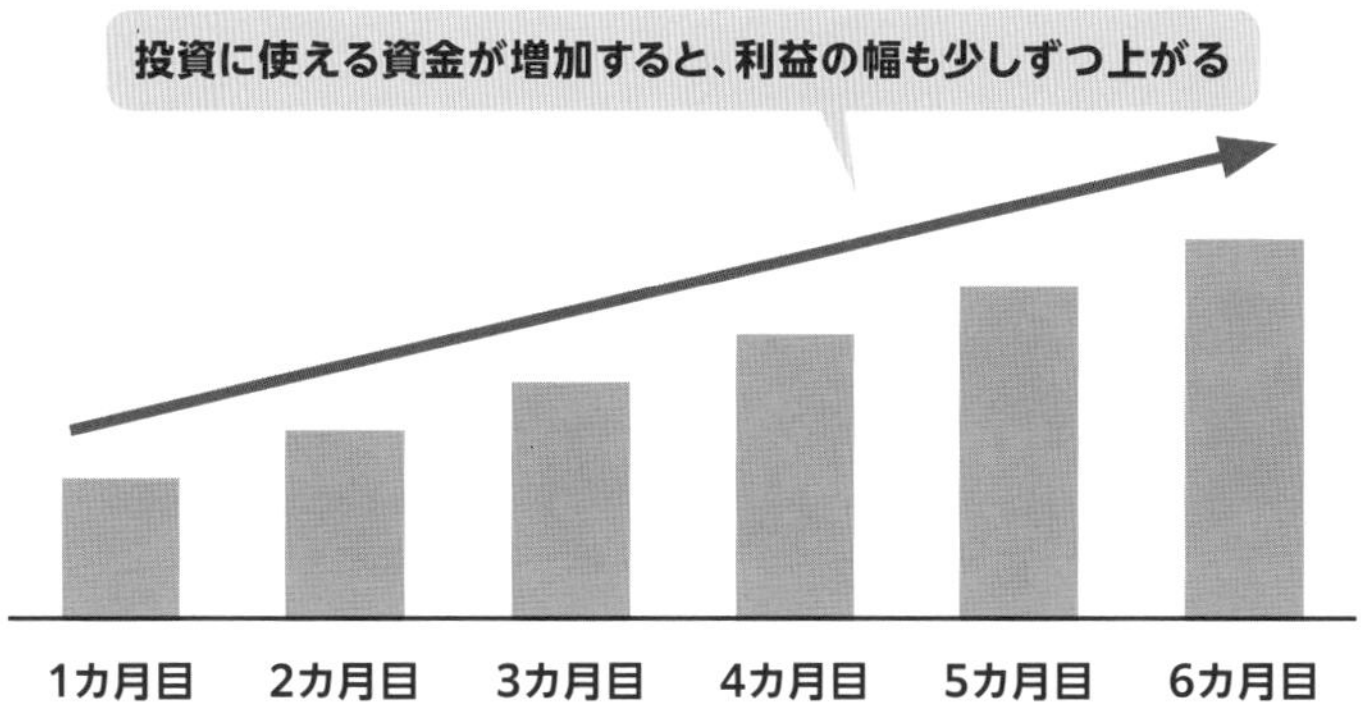

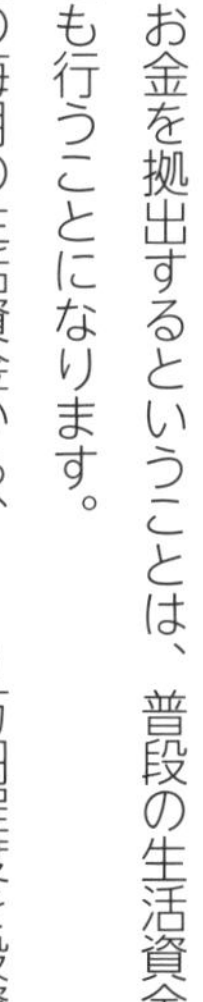

新しいお金を拠出するということは、普段の生活資金の管理も行うことになります。

現在の毎月の生活資金から、1～2万円程度を投資に回すと考えてみましょう。そうすると、どこかで調整をせざるを得ません。いつもは外食しがちだけど、自炊中心に切り替えてみたり、コロナ禍の影響で浮いた分を投資に回してみたり。こうして毎月の生活資金を投資資金に回すことで、「生活資金」と「余剰資金」の区別がしっかりつきます。投資は余剰資金で行うものです。投資でマイナスになった分を生活資金から補てんすることのないように、区別をつけましょう。

暴落は買いのチャンス

毎月新しいお金を入れるのは、大暴落したときの備えにもなります。大暴落したときは「買い」のチャンスですから、安くなった銘柄を買う資金にしましょう。

資金を守るために損切りの基準を決めておく

素早い損切りの判断が自分の身を守る唯一の方法

178ページのように増やす資金管理だけではなく、減らさないようにするのも大切です。**そのために「損切り」する基準を考えておきましょう。**

投資の世界では、2020年のコロナショックのように、相場が急落する場面があります。リーマンショックや、チャイナショックなど、このような急落は何年か一度に起こり得るものです。

日経平均株価が急落した際は、真っ先に損切りを考えましょう。特に、高値圏で買った銘柄は優先的に損

損切りのメリット

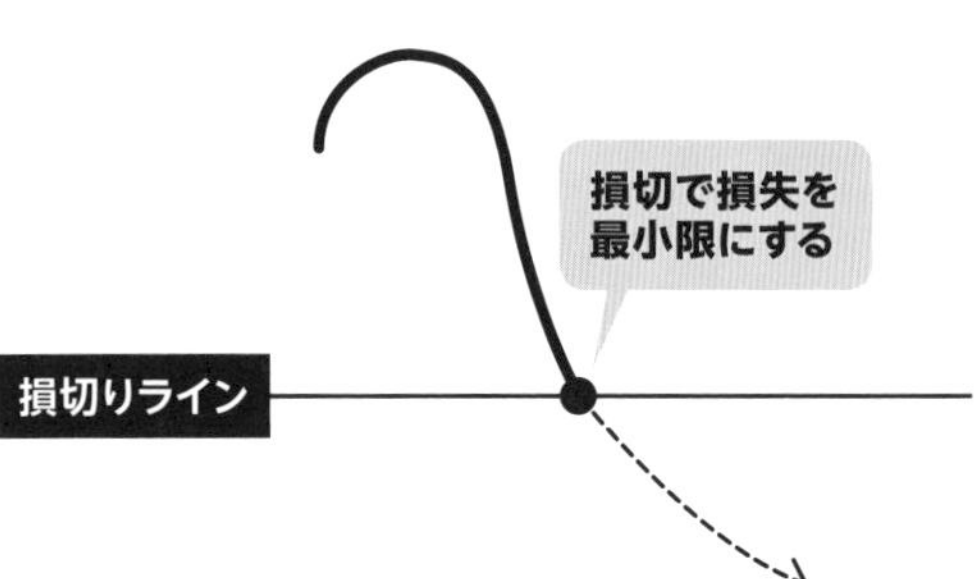

特に高値圏で買った銘柄は、暴落したときの損失額が大きくなりやすいので、優先的に損切りをしましょう

高値圏　過去の株価から見て、相対的に価格帯の高い領域のこと。反対に価格の低い領域は安値圏という

ナンピン買い

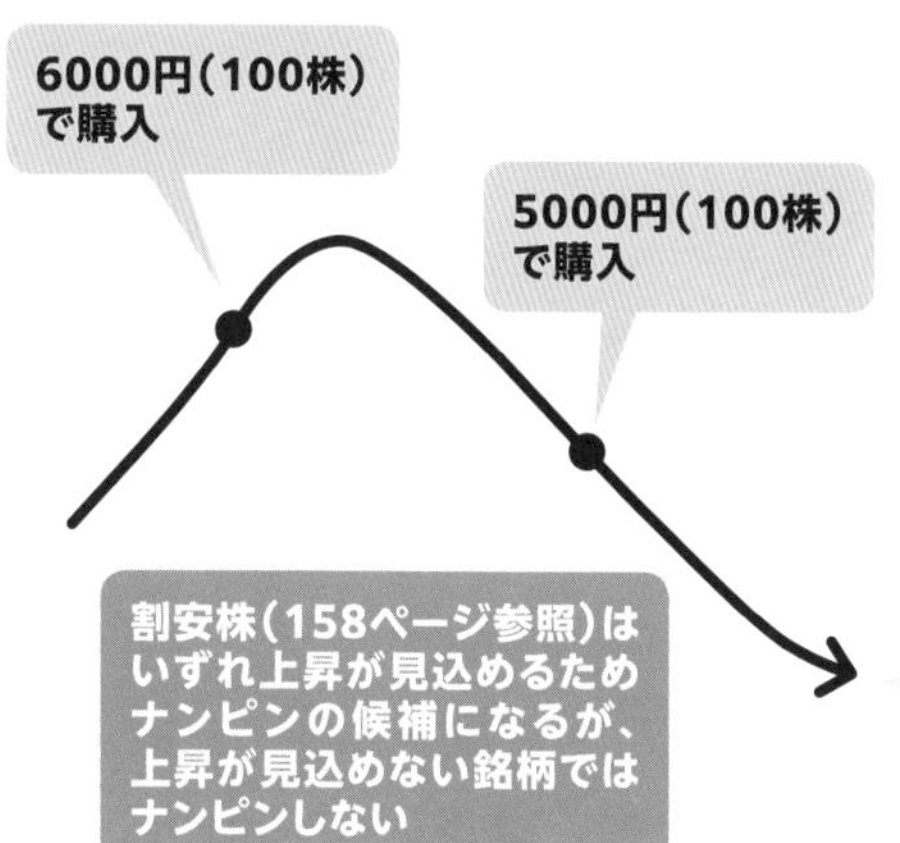

6000円（100株）で購入
5000円（100株）で購入
割安株（158ページ参照）はいずれ上昇が見込めるためナンピンの候補になるが、上昇が見込めない銘柄ではナンピンしない

ナンピン買いとは、保有している銘柄の株価が下がったときに、さらに買い増しをして平均購入単価を下げること

6000円（100株） ＋ 5000円（100株） ÷ 200
＝ 5500円

1株当たりの平均購入単価が、最初の購入時よりも下がる

注意 以降の株価がさらに下がり続け、損失が膨らむこともあるので要注意

切りします。

急落時は「損切りするか、どうしよう」と考えている間にも株価がどんどん下がるので、**素早い損切りの判断が、唯一自分の資金を守る方法です**。また、よいと思っていた銘柄でも下落が終われば、安い値段で買い直すこともできるので、とにかく自分の資金を守ることを考えましょう。

このとき、多少下がっても保有していたいと思えるような好きな銘柄は損切りしなくてもよいです。ただし、長期保有をしている銘柄が急落によって含み損に転換した場合は、損切りします。

ナンピンは要注意

急落時に好きな銘柄をナンピンするもひとつの手ですが、さらに下落する場合もあります。ナンピンしすぎて資金が拘束されないようにしましょう

資金管理 03

失敗は原因分析をすると成功のもとになる

失敗の原因を探る

何故負けたのか原因分析をする

・高値圏で買ってしまっていた
・企業展開について調査不足だった
・いずれ上がると思い、損切が遅くなってしまった

原因分析をすることで、自分の経験値を蓄える

自分の売買を振り返って敗因が何かを知ることが大切

ここまで初心者でも株式投資で成功するためのコツを述べてきましたが、どうしても負けてしまうこともあります。しかし、**負けたままではなく、必ず「原因分析」をして、自分の経験値にしましょう。**

まず、その銘柄を買ったとき割安だったか、割高だったかを調べます。銘柄の長期チャートを表示して、買った地点がどの程度だったかを見ましょう。大体の平均値よりも高値で買っていたとしたら、「次から高値では買わないようにする」という対策ができます。

振り返り項目

コード	銘柄	株数	買値	売値
24××	(株)○○カンパニー	100株	5万5000円	8万円

なぜ購入したのか

予算の範囲内で買え、かつ割安株であったこと。四季報を見たら提携企業に大手企業の名前があり、買いだと思ったことなど

なぜ勝った(負けた)のか

最初に決めたルール通りに売却したので、落ち着いて取引ができた

チャートを見ながら振り返ることで、より視野が広がります

より具体的な振り返り項目は188ページを参照

安値で買っていたとしても、銘柄を買った理由が思い出せないようでは経験値にはならないです。「なんとなく安いから」という理由で銘柄を買っていては、まぐれで利益が出る可能性はあっても、投資で成功できるとは限りません。なぜ安いのかという理由を探したり、企業について調べたりしてから買う判断をすることで、負けたときの経験値につながります。

また、買ったときのチャートを見直しましょう。上がると思った理由と、実際の値動きを振り返ります。チャートパターンにあてはまるかなどを考えると、新たな視点に気づき、視野が広がるでしょう。

負けから最大限に学ぶ

相場に負けはつきものですが、負けることで「相場感」が鍛えられます。そのためにも、負けたらしっかり原因分析をして、次の売買に備えるのが投資で成功する近道!

資金管理 04

少ない単元数で売買し始めて確実に利益を積み重ねる

単元を抑えてローリスクな投資を

400株
200万円

単元数が多いとハイリスクになる

100株
50万円

単元数が少ないとローリスクになる

初心者は、よりローリスクな売買をするため、少ない単元での購入をオススメします

単元数が多ければ多いほどハイリスク・ハイリターンの取引になる

株式投資は企業が定めた株式の売買単位（単元株）の整数倍で取引が行われます。多くの場合、100株を1単元とし、1単元からの取引が可能です。つまり、最低100株は買わなければなりません。当然ですが、多く買った分ハイリスク・ハイリターンになりますし、単元を抑えればローリスク・ローリターンになります。

初心者には、少ない単元から売買を始めることをオススメします。理由はローリスクだからです。株式投資について十分な知識や経験がないまま、多くの単元

ミニ株でローリスクな投資

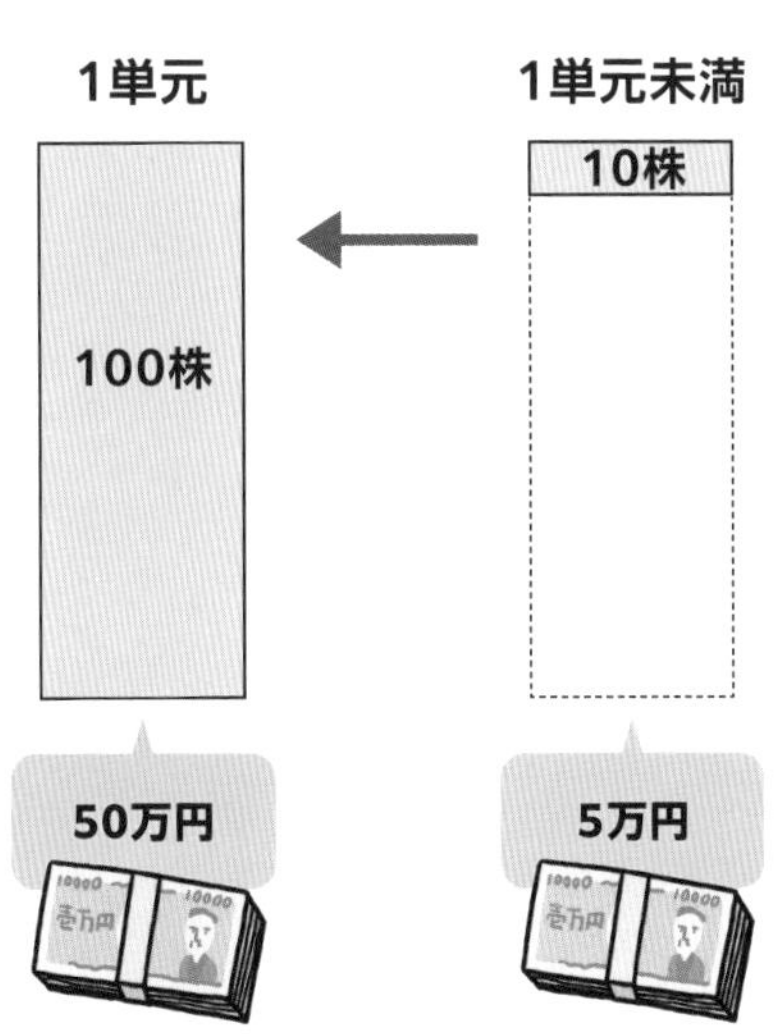

はじめはリターンが小さくても、ミニ株などの少額の投資で経験を積み、慣れてきたら単元を増やすのがオススメ

を買って損失を出してしまうと、資金が一気になくなり、身動きが取れなくなってしまいます。初心者の場合、**ローリターンでも着実に利益を出し、経験を積んでいくことのほうが大切でしょう。**

ただ、初心者で資金が少ない人は、1単元に満たない株の売買からはじめてもよいでしょう（62ページ参照）。

ある程度の知識や経験を積めば、単元数を上乗せし、ハイリターンを狙うことも可能になります。ただし、ハイリスクがともなうことも忘れずに。

好きならとことん買う

本当に好きな銘柄は資金の範囲で買えるだけ買います。よい企業は必ず成長すると信じて「投資」するのです。買いたい理由が明確ならば、いくら買ってもよいでしょう

資金管理05

目標まで上昇したら必ず売る　欲張らない売買をしよう

無謀な目標設定に注意

10万円の儲けが出る
タイミングで売却しよう!

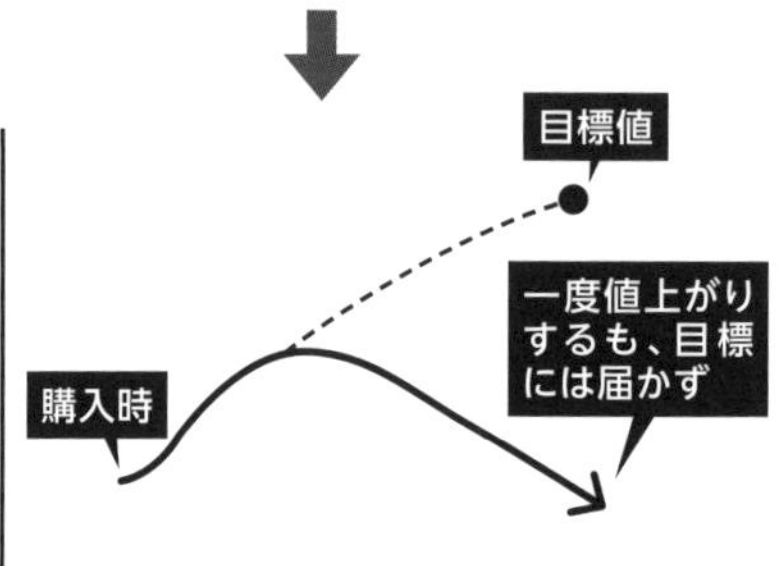
目標値
一度値上がりするも、目標には届かず
購入時

金額設定が無謀な目標値になっていて、なかなか達成できない可能性も。目標の付け方には要注意

株価が目標値まで上昇したあとに目標値を変更しない

上昇トレンドの途中、「もっと上昇しそうだ」と期待して売却のタイミングを見ているうちに、急落してしまった経験はないでしょうか？　投資において、過度な期待は禁物です。**売却するタイミングはあらかじめ決めておきましょう。**

売却の基準は、「いくら上昇したら」ではなく「何割上昇したら」と決めておきます。

「いくら上昇したら」というルール設定をすると、無謀な金額設定に気づかないことがあり、売却のタイミ

目標を達成したら売る

ポイント1 ルールを設定したら、必ず守る

購入時の5倍の金額になったら売却する

5倍の金額まで上昇

購入時

もっと伸びるかもと、目標を変えてはいけない

ポイント2 売買を繰り返しながら、銘柄の特徴をつかむ

この銘柄は下落してもすぐに2000円まで戻す

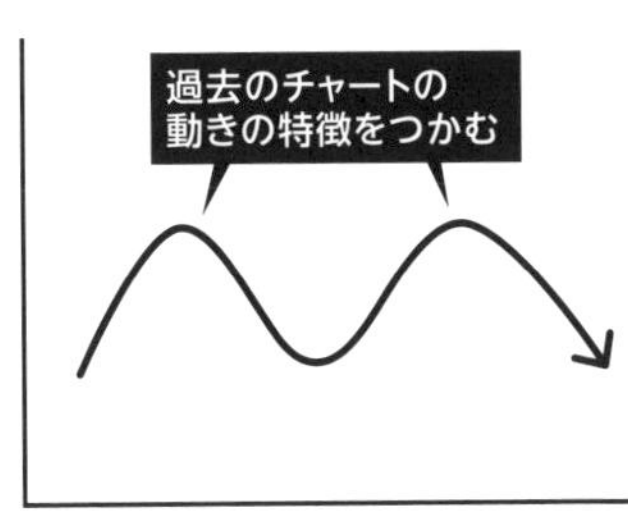

ングを見計らっている間に、下降トレンドに転換してしまうことも。

はじめは**「5倍まで上昇したら売る」など、明確な数字を決め、5倍になったら必ず売却するようにします。**このとき、「5倍になったから、10倍を目指すぞ」と目標を変更したり、期待したりして、売却のタイミングを延ばしてはいけません。自分で決めたルールにしたがって、欲張らない売買をしましょう。

売買をするうちに、「この銘柄は下落したあと2000円まで戻すぞ」などと、決算やチャートの動きから銘柄の特徴が見えてきます。

上昇の期待はしない

「もっと上がるかもしれない」と保有を続けていると、売却するタイミングを見失います。上昇したということは、安値で買った証拠になるので、潔く売却しましょう！

06 すべての取引を記録して客観的な考察をする

取引の記録は現在の資金や保有している株の管理にも役立つ

184ページでは、負けた取引の原因分析から経験値にするといいましたが、はじめは**すべての取引を記録し、客観的に振り返ることが大切です。**

記録する内容として、銘柄名（銘柄コード）、購入日、購入株数、買値、売却日、売値、損益の項目は最低でも記録しておきましょう。これらを記録しておくことで、自分の資産額やこれまでの損益額が一目瞭然になるので、資産管理が徹底されます。エクセルを利用すれば、計算も簡単です。先に挙げた項目のほかに、「な

記録する内容の例

項目	記載内容
銘柄名	(株)○○カンパニー
銘柄コード	24××
購入日	2019年1月23日
購入株数	100株
買値	5万5000円
売却日	2020年1月11日
売値	8万円
損益	+2万5000円
買った理由	安値圏で株価が移動平均線を上抜けたから

株記録のメリット

メリット1

現在保有している株の管理がしやすい

どこの株をいくらで買って、現在どれだけ持っているのかが表を見ただけで一目でわかる

メリット2

買い増しや売却のタイミングがわかりやすい

買ったときの値段と理由が書いてあると、あとで読み返したときに買い増しや売却のタイミングをつかみやすくなる

メリット3

次の株取引の判断材料になる

これまでのデータを記録することで、客観的な考察ができ、経験値がより身に付きやすくなる

ぜ買ったのか」という理由を記載しておくのも、次の売買の判断材料になるでしょう。

初心者だと、記録された数字を客観的に考察し、取引の分析を行うことはむずかしいかもしれません。その場合は、とにかく取引の記録をするだけでも大丈夫です。経験を積んでいく過程で、過去の取引から新しい発見や、負けた原因がわかるようになるでしょう。

また、取引の記録は、現在保有している株の管理にも役立ちます。日々の値動きをチェックする際に、買ったときの値段や理由も併せて見れば、買い増しや売却のタイミングが見えてくるかもしれません。

買う理由を明確にする

買った理由は必ず記録しておきましょう。売却の判断材料だけでなく買う理由を考えるクセがつき、銘柄について調べる技術も向上していくでしょう

おわりに

株の初心者にとって、株取引にはさまざまな「壁」があります。

株式用語がわからない、というのも「壁」のひとつでしょう。株のテクニックを解説する文章を読んでも、株取引独特の言葉が多く、意味がわからずに挫折してしまうかもしれません。

また、買いや売りのタイミングが掴めない、ということもあります。「安く買って高く売る」という基本的な戦略は頭のなかでわかっていても、いざ株価チャートを目にすると、現在の株価が高値か安値かがわからずに戸惑ってしまう、というケースですね。


こうした困難は、経験を積むことで少しずつ解消されていきます。

株の取引はさまざまなパターンがあります。少し手順が違うだけで利益の違いにつながってしまいます。こうした細かい分類を言葉で表現するために、独特の株式用語が数多くあるのです。

また、まだ取引の経験が浅い初心者は、買いや売りのタイミングがわからなくて当然です。たとえば、上昇トレンドに乗るだろうと株を買ったものの、結局タイミングが遅れてしまい、高値掴みになってしまった……など。こうした失敗を経験して、その原因を自分なりに考えてみるのです。「もっと安値で買うにはどんなタイミングが最適なんだろう」「株価が持ち直しているのはどんな企業なんだろう」などといった反省が、次の取引に活かされていきます。

株は、こうした「勉強量」が多ければ多いほど取引が上手になっていきます。本書に書かれた株の「勉強」を元に、自分なりの、最適な株投資の方法を探してみてください。

そうすれば、楽しみながら株投資が続けられるはずです。

ようこりん

■監修・解説　ようこりん
■編集　花塚水結・佐藤太一・榎元彰信（株式会社ループスプロダクション）
■表紙デザイン　ili_design
■本文デザイン・DTP　竹崎真弓（株式会社ループスプロダクション）
■イラスト　タカハラユウスケ

手堅く稼ぐ主婦投資家が教える おいしく始める株投資

2020年10月10日　発行

発行人　佐藤孔建
編集人　梅村俊広
発行・発売　スタンダーズ株式会社
〒160-0008 東京都新宿区四谷三栄町12-4 竹田ビル3F
TEL：03-6380-6132
印刷所　株式会社シナノ
e-mail：info@standards.co.jp

●本書の内容についてのお問い合わせは、上記メールアドレスにて、書名、ページ数とどこの箇所かを明記の上、ご連絡ください。ご質問の内容によってはお答えできないものや返答に時間がかかってしまうものもあります。予めご了承ください。
●お電話での質問、本書の内容を超えるご質問などには一切お答えできませんので、予めご了承ください。
●落丁本、乱丁本など不良品については、小社営業部（TEL：03-6380-6132）までお願いします。

Printed in Japan

【必ずお読みください】

株式取引は、元本の補償がない損失が発生するリスクを伴う取引です。

本書は情報の提供を目的としたもので、その手法や知識について、勧誘や売買を推奨するものではありません。

本書で解説している内容に関して万全を期しておりますが、その情報の正確性及び完全性を保証するものではありません。

製作、販売、および著者は、本書の情報による投資の結果に責任を負いません。

実際の投資にはご自身の判断と責任でご判断ください。